JN411361

詩와 열애에 빠진

詩 사랑 마중녀들

김숙자
●
신경자
●
신정애
●
박선영

오늘의문학사

국립중앙도서관 출판시도서목록(CIP)

(詩와 열애에 빠진) 詩 사랑 마중녀들 / 지은이: 김숙자, 신경자, 신정애, 박선영. -- 대전 : 오늘의문학사, 2014
p. ; cm

ISBN 978-89-5669-645-4 03810 : ₩8000

한국 현대시[韓國現代詩]

811.7-KDC5
895.715-DDC21 CIP2014029748

詩와 열애에 빠진

詩 사랑 마중녀들

◆◆◆ 프롤로그

이 가을엔 詩로 흠뻑 취해보세요

당신은 인생을 살아오면서 '마음에 울림을 주는 詩' '내 심장을 꿰뚫었던 詩' 한 편 만나 보셨나요? 인생에는 천 마디의 말보다 한 편의 詩가 더 절실한 순간들이 있습니다. 현대를 살아가는 우리들은 가끔씩 인생에 뭔가 소중한게 빠져있는 것 같은 심리적 허기를 느끼며 살아가기 때문입니다. 그러나 정작 그 이유를 찾지 못한 채 온갖 위안거리를 찾으며 귀한 시간을 허비한 적은 없으셨나요?

삶이 공허로움으로 텅 빈 듯한 이유는 아직 내 마음에서 자신이 말하고 싶은 진실한 목소리를 내 마음속에 깊숙이 가두어 놓고 정작 하고 싶은 말들을 세상에 쏟아놓지 못하고 마음의 벙어리가 되어있기 때문입니다. 내 어깨 위에 짊어진 생의 무게가 너무 버겁다고 느끼시진 않나요? 내 삶에 더 이상의 출구는 없다고 비통해 하며, 아직까지 그 끝을 알 수 없는 미로 속을 방황하고 있는 건 아닌가요?

이 멋진 가을! 당당하게 새콤달콤한 詩의 문을 두드리세요. 뒷 마당의 석류가 농익어 붉은 루비알을 품고 요염한 유혹을 발산하고 있는 이 가을! 이제 더 이상 헤매지 마세요! 마음속의 긴 방황 쯤은 이제 끝내세요. 새의 깃털처럼 그렇게 가벼운 인생을 살아가는 사람은 아무도 없답니다. 저마다 가슴 속에 쌓여 있는 슬픔과 분노쯤은 이제 좀 더 근사하게 삭여 멋진 詩 한 구절 와인잔에 담아 그윽하게 취해보세요. 詩의 말은 사람이 하지만 그 말의 끝은 천사의 날개에 닿아 있습니다. 어느 날 내게 은밀히 다가와 내 귓전에 속삭이는 詩 한 수의 따뜻한 위로와 고백을 이 가을 절대 뿌리치지 마시기 바랍니다. 여기 세이문화센터에서 봄학기부터 인문학 열풍이 불기 시작했습니다. 그 여파로 시창작반에서 시의 유혹에 빠져 시와 열애를 하고 있는 '시 사랑 마중녀들'의 부끄러운 사랑고백을 이 가을 뿌리치지 마세요.

詩란 인문학의 꽃이며 우리 인생의 본질을 파악하고 깊이 추구하여 삶의 진실과 인생의 감동을 전해주는 매력적인 존재입니다. 우리 인생길엔 참으로 많은 위로와 격려가 필요합니다. 그래서 저마다 내 마음을 토로하고 그 마음을 어루만져주는 詩를 통해 진정한 나를 만나시기 바랍니다. 나아가 여러분들도 삶의 보물창고인 詩와의 열애 속에 이 가을 멋지고 살맛나는 행복한 힐링의 시간 만들어가시기 바랍니다.

2014. 10월의 어느 멋진 날에

清淋 김 숙 자

◆◆◆ 목차

신경자

◆◆◆ 목차

신정애

박선영

김 • 숙 • 자

저자 淸淋 김숙자는 충남대학교 교육대학원에서 교육학 석사학위, 한남대학교 대학원에서 교육학 박사학위를 받았다.

월간 『아동문학』과 『월간문학』에서 동시가 당선되어 문단활동을 시작한 후 대전일보 신춘문예에 동시가 당선(1997)되었다. 초등학교에서 교사, 교감, 교장을 40년간 재직했던 교육자로서 『황조근정훈장』을 받았으며, 『대전문학상』, 『대전일보 문학상』, 『제2회 박경종 아동문학상』, 『제4회 옹달샘 한·중 아동문학상』을 수상하였으며 지은 책으로 동시집 『모시울에 부는 바람』, 『갯마을에서 띄우는 노래』, 『달님마저 반해버린 야생화』, 『행복을 굴리는 아이들』, 『꼬꼬맙시들의 행복한 날갯짓』이 있고, 동화집 『예쁜이가 내다 본 세상』 시집 『비울수록 채워지는 향기』, 『낮음, 그래서 더 고운 영혼』, 『마틸다의 기도』, 『사람사랑 행복방정식』, 기행수필집 『내 영혼을 불사른 달콤한 중남미 문명』이 있으며 연구서로 『한국현대 시 창작 교육』과 자기개발서 '시련은 아무에게나 꽃이 되지 않는다' 외 국어과 연구논문을 비롯한 다수의 저서가 있다. 대전여성문학회장을 역임하였고, 현재 한국아동문학회 운영위원 및 이사와 한국아동문학연구회 충남지회장을 맡고 있으며, 문학사랑·대일문학회·대전아동문학회 등에서 활동하면서, 각종교육기관에서 교육학, 인문학 강의를 하고 있다.

난향

영혼 뒤흔드는 마에스트로의
광기어린 몸짓이다.

봄날 첫 발 내딛은
새아가 화사한 눈웃음이다

시련의 강 끊임없이 휘젓는
뱃사공의 손길이다.

명장의 손끝에서 빚어진
향기로운 질그릇이다.

숙고로 얼룩진 마리아의
절절한 기도이다.

봄밤 휘감을
매혹적 애무이다.

황홀한 글감옥

내가 이 세상을 살아가는 건
진정 무엇 때문인가?
광활한 문학의 숲 헤매며
고뇌 서린 생채기 통해
생명줄처럼 질긴 시를 자아냈다.

문학의 숲은 너무도 암담하다.
한치 앞도 보이지 않는 암울한
시련의 늪을 스스로 헤치게 했고
질풍노도에 흔들리는 뱃사공 되어
고독의 노를 젓게 했다.

나의 눈물과 고독이 바다되어
그 바다에서 울고 웃고
탕아처럼 뛰놀며
글고기를 낚아올렸다.
내 가슴에 글 낚싯대 드리우지 않았다면 어찌했을까

글은 곧 나의 숨통이며 탈출구
글과의 결혼은 나의 숙명이며

그 글에 내 생명까지 저당잡혔다.
글감옥은 나를 늘 황홀케 했고
밤새 함께 뒹굴어도 싫지 않다.

꽃 밤

꽃보다 더 향기로운 당신
내 곁에서 곤히 자고 있는
사랑스런 그댈 바라보며
침묵의 긴 시간이 흐르는
이 아름다운 봄 밤
불꽃같이 사랑했던 내 마음을
봄꽃 앞세워 전합니다.

깨알 같은 사연들을 내 영혼에
간직할 수 있게 해 준 그대
방황의 깊은 늪 속에서
안개처럼 떨고 있던 내 마음을
사랑의 의미로 가득 채워준 당신
그대 귀한 그 마음이
내 눈가의 호수되어
지금 조용히 일렁입니다.

붉은 목젖을 타고 흐르는
뜨거웠던 심연의 술
밤새 그리움과 섞어 마시며

아프고 미웠던 마음까지도
한 방울 남지 않게
부어 마시며 녹여버렸습니다.

이제 내 마음의 빈술잔엔
한 모금 원망도 남아있지 않습니다.
고독마저 고요히 잠을 재우는
이 아름다운 봄 꽃밤
그대가 비추이는 빈 술잔에
홍건한 사랑의 꽃주로 잠기소서.

앵두 따던 날

초여름이 데리고 논 금햇살
청림별궁 뒤뜨락에서
후미진 돌담 너머로
자꾸만 고갤 기웃거리고 있다.

행여 기다려 온
님 발자국 소리일까
콩닥콩닥 가슴조이며
낡은 기왓장에 귀 솔깃 내밀어 본다.

내가 미처 찾지 못한 사이
반짝이는 초록 쟁반에
탱글탱글 붉은 구슬 가지 휘게 빚어놓고
빛고운 보석 목걸이 많이도 걸어 놓았다.

반가움에 가슴 먼저 내밀며
얼싸안아준 그리운 얼굴들
차마 미안해 다가서기조차 부끄러운 걸
온 몸 가득 붉은 사랑 태울 듯 뜨거운 날

초록 잎사귀마다 엉킨
선홍빛 이야기 이리도 고울 줄이야
영혼까지 다 바쳐 빚어놓은 빛 고운 사랑
유월 하늘에 더 눈부셔라.

꿈꾸는 해먹

별빛으로도
달빛으로도
널 보듬을 수 없고
품어줄 수도 없는데
약속한 불볕더위는
목마름에 허우적인 너에게
쉼 없는 불화살만 쏘아댔다.

위로마저 잃어버린 희미한 수은등
물 한 모금 적시지 못한
만삭의 임산부에게
은밀히 마련한 힐링처
먹감나무 등걸 새로
감추이고 숨겨온 복대
이를 어떡하나
홀랑 빠져버린 보름달만한 배

매미울음 자지러지고
잠자리떼 정처없이 헤매는 날
콩닥콩닥 하늘 사다리 타고

금빛 찬란한 해먹을 걸었다.
넌 세상에서 가장 행복한
꿈꾸는 해먹이다.

내 마음 속의 산티아고

오랜 시간 동안
내 시공과 가슴 속에서
식지 않은 그리움으로
활활 타고 있는 너는 누구인가

나의 심장에 뜨거운 불을 지펴
타오르는 그 불길에
거센 풍무를 돌리고 있는 정체는
도대체 무엇이란 말인가

행복의 낙원 샹그리아도 아니요
노란 화살표 하나 벗삼아
기약없는 발걸음으로 피레네산맥 넘어
그를 찾아 떠나는 고행의 길

신발이 너덜너덜 헤어지고
발가락 사이사이 피고름이 잡혀도
내 마음 속에 각인 된 약속의 땅
야고버 유해가 묻힌 거룩한 산티아고

그 길에서 길을 찾고
그 길에서 나를 찾고
그 길에서 주님과 함께 할
내 마음 속의 땅 산티아고

영원한 비바, 파파 프란치스코

당신의 귀한 한국행은
하느님께서 미리 준비하신
작품 중의 명작이었습니다.
그토록 꾸물거렸던 하늘도
그림을 그려놓듯 천국이었고
당신이 딛고 가신 발자욱 모두가
다 은혜로움으로 넘쳤습니다.
당신을 만나기 위해
며칠 밤잠 설치고 바쁘게 헤맸어도
당신의 거룩한 자비 앞에선
단 아무 말이 필요없었습니다.
우리 시대 '빈자의 성자'로 우뚝 서신
비바, 파파인 프란치스코

조국의 광복과 순교자들의
영예로운 시복을 축원하기 위해
그 먼 곳에서 달려와 한국땅 순교자를
반듯하게 복자품에 올려주셨습니다.
시복미사 중 윤지충 바오로를 비롯한
123위 순교성인의 영혼이 우리 머리 위에서

천사의 날개를 달고 춤을 추었습니다.
기뻐하는 노래 소리가 내 귀에 들렸습니다.
오 위대하신 비바 파파.
당신을 그렇게 부를 수밖에 없는 모습을
곁에서 여과없이 다 보았나이다.
당신은 세상에서 가장 낮은 곳을 먼저 향하고
아파하는 눈동자를 더 떠나지 못하신 당신
세월호 십자가가 무얼 말하더이까?
위안부 할머니들 피울음이 무엇이더이까
꽃동네 천사들 꽃다발이 왜 더 좋더이까
동족이면서 갈려있는 겨레의 이산은 왜 아픔이더이까

우린 당신과 당당히 함께 했습니다.
그래서 일어설 수 있는 힘을 받았습니다.
당신으로부터 신뢰할 수 있는 사랑과 일치로
우리 모두의 아픔을 끌어안을 수 있다는 걸
당신으로부터 배울 수 있었습니다.
이제 우리는 그 아픔과 슬픔과 고통의 터널을
당신과 함께 건널 수 있을 것입니다
당신의 넓은 자비의 품과 인자한 모습에서

종파를 넘어 세계 평화를 기원하는 일치를
이루어낼 수 있다고 말입니다.
아, 우러를 수밖에 없는 우리 영혼의 등대
비바, 파파 프란치스코.
우리 역사와 문화 속에 당신은 언제나
함께 살아 숨 쉴 것이라 믿습니다.
아픔과 슬픔 속을 도는 실핏줄까지
언제나 함께 타고 돌며 영원할거라 믿습니다.
소년처럼 맑은 웃음과 영혼을 지닌 당신을
우리는 영원히 비바 파파로 부를 것입니다.
비바, 파파. 파이팅!

고성 동백

보고픔 알알이 익은 뒷마당가에
울 듯 말 듯 잔뜩 긴장한 봄 날
반가운 눈가에 맺힌 눈물처럼
마당 가득 떨구어 낸 그리움

날 보고 가려고
그토록 기다렸더냐.
못다 한 속엣 말 다할 수 없어
핏빛 눈물까지 쏟았더냐.

어떤 말로도
어떤 글로도 안 되는
보고 싶단 네 절절함을
온몸으로 던져 보여준 너

시름 시름 가슴앓이 하더니
폐부 여기저기 피멍이 들고
이렇듯 시뻘겋게 시뻘겋게
각혈까지 해놓았구나.

쟈스민

바닷마을 서해 어느 변방에서
외로움에 온통 범벅 되었던
치열한 인생의 오르막에서
나를 살맛나게 통통 뛰게 한 너

배낭 하나 달랑 어깨에 메고
꿈에 그리던 로투루아를 찾아
고색 찬연한 초록 카펫에서
달님과 함께한 천연온천탕

낯선 사람들 틈에 끼어
묵은 피로까지 다 풀어주던
오페라하우스에서 만난 사랑의 묘약
여름이면 그리움으로 몸살을 앓는다.

지금 가슴 떨리던 그 전율 바랬는가
메아리 대신 희미한 연보라빛으로
내 마음 울안에 아련히 피고 지는 너
길은 멀어도 추억은 아직 멀지 않았으리

잊을만하면 향수로 다가와
그윽한 추억의 향내 내안에 퍼질 때면
눈을 감아도 자꾸만 되살아나는
아름다운 추억의 실루엣
세월이 지날수록 더욱 짙어만 간다.

행복차

나도 몰래 키운 작은 불평
뿌리째 잘라 잘게 다지고
열적은 교만 속 훌훌 뺀 후
빛 고운 마당에 말리고
원망의 껍질 사알살 벗겨
넓은 채반에 송송 썰어 절인 다음
미움의 속씨까지 잘 도려내
용서 물에 사알짝 데친 후
푸짐한 주전자에 물 가득 담아
생의 쓴맛 다 사라질 때까지
사랑으로 오래오래 달여
기쁨 섞어 골고루 저은 다음
예쁜 미소 몇 개 동동 띄운
따뜻한 잔에 가득 부어 마시면
허허롭던 내 영혼 호숫가에는
온종일 행복이 두둥실 떠다닌다.

사부곡(思夫曲)

이별이 이토록 까마득해져
거꾸로 헤아려야 답이 나오는
참으로 오랜 세월이 흘러갔습니다.
팔팔 올림픽을 그토록 그리워하시더니
정작 그걸 못 보시고
왜 그리도 성급하셨나요?
당신과 함께 할 수 없었던 시간 여행
어느새 강산이 세 번도 더 변한
긴 불통의 터널로 텅 비었습니다.
지금도 내 가슴에 대못이 박힌 건
웅이 첫돌에 먼 길 오셨는데
행여 딸 신경쓸까봐 말도 없이 떠나셨던 당신
그게 마지막 길이 될 줄이야
서대전역만 생각하면 가슴이 뛰었는데
지금은 그리움으로 먹먹해 억장 무너집니다.
아버지, 당신 앞에 지금 이 모습으로
꼭 한번만이라도 재회할 수 있다면
가슴 후벼팠던 불효 죄다 사죄드리고 싶습니다.

추억 속의 통발

싸아한 추억의 파도가 밀려오는
갯마을 성구미
내 마음 속에 꼭 가둬놓은
추억 한 어망

굴뻑처럼 울퉁불퉁한 갯자락 아이들
바다 가슴으로 쓰다듬으며
내 몸도 마음도
비릿한 갯내음으로 출렁였다.

망둥이 잡던 손으로
내 손에 쥐어 준 사랑의 통발
지금까지 내 가슴속으로 들어와
추억 물고기 낚을 줄이야.

통통배에 꽃게 가득 잡히는 날엔
운동장 잔디밭에 통발 펼쳐놓고
지순한 사랑 맘껏 내어주는 바다처럼
추억 한 어망 빵빵하게 채워주던 성구미 사람들

내 인생에서 결코 지울 수 없는 정과
짭쪼롬한 추억을 선물해 주었다.
가끔 바다 닮은 아이들 그리워질 때면
나도 갈매기 되어 끼룩끼룩 날아가고 싶다.

시인의 방

하늘에 해가 솟지 않아도
시인의 방은 열려있어야 하고
하늘에 별이 돋지 않아도
시인의 방은 문이 닫혀선 안 된다.

개구리 울음 소리를 훔치고
귀뚜라미 귓전에 매달려서라도
밤새 생각의 뜨락을 갈아엎으며
새로운 영혼의 통로를 개간해야 한다.

달빛 샘물을 퍼올리든
별빛 노래를 훔쳐오든
빛이 없는 밤에도
상상의 별을 헤어야만 한다.

시인은 제 뼈를 깎아서라도
시련의 강 올곧게 건너며
희망의 노 힘차게 젓는
진실한 사공이어야 한다.

영혼이 잠들어버린 시인은
죽은 시인이다.
결코 생각의 불이 꺼져서도 안 된다.
사유의 글바다에서 표류되지 않도록
따뜻한 영혼의 등대가 되어야 한다.

헌정(PRESENT)

그리움의 안개 솔솔 피어오르던 봄날
내 생애 가장 멋진 선물을 받았다.
아름다운 창작 에너지
안개처럼 솟아오르는 집
그 이름도 아름다운 연무천사
내 유년의 꿈이 꿈틀거리고
어머니 치맛자락이 펄럭이고
마당에서 끓여 먹던 맛있는 팥국수
뜨락 가득 쏟아지던 별똥별이 되살아났다.

감나무 아래서 똑똑 떨어지던 감꽃
뒤뜰 가득 피어있던 정겨운 수선화
어머니 무릎 베고 누워 별 헤던 밤이
연무 뜨락에서 다시 아롱거린다.
옥수수 수염 나풀거리며
잠자리떼 수없이 날아다니던 마당
내 꿈과 젊음이 꿈틀거렸던
사유의 뜨락을 되살려 준 집

대문 앞 문전옥답 융단처럼 펼쳐있고

고향가는 고속 도로 지척에 걸쳐놓고
심심한 소쩍새 친구 되어 놀다가며
개구리 울음 방안 가득 찾아오는 청림별궁
내 생애 가장 아름다운 꿈을 꾸게 한 사람
내 생애 가장 아름다운 꿈을 되찾아 준 사람
내 생애 받은 가장 아름다운 선물
서른 아홉 해 함께 산 그이에게서
나 오늘 멋진 추억까지 선물 받았다.

* 청림별궁 : 청림은 내 아호이다. 연무대에 새로 개축한 내 창작의 산실.

기다리래

천둥도 먹구름 속에서
바둥바둥 떨고
물안개마저도 무서워
하얀 치마를 뒤집어썼다.
난생 처음 친구들과
부푼 제주 수학여행 가던 날
하늘도 무심하시지
침몰해 가는 세월호 안에서
초연히 대피 명령만을 기다리던
순진무구한 우리 꽃송이들
이 순둥이들이
사랑하는 엄마 뼈 속에 남겨준 이 말
'기다리래'
속수무책 동동 구르던 글귀
이승의 마지막 언어 되었네.

하늘도 울고 땅도 울고
이 세상 부모들 피를 토하고 울부짖네.
더 이상 해줄 말 없어 미안하다고
지켜주지 못해 미안하다고

분노에 찬 함성으로 되뇌어보지만
누구 하나 손 쓸 수 없는 가여움에
부끄러운 노란 리본도 부르르 떠네
하염없는 눈물로 속죄하는 이 마음
사랑하노라.
사랑하노라..
갈기갈기 찢기운 가슴 안고 하늘로 띄운
애끓는 절규여
애절한 모정 만신창이 되어
팽목항 맴돌며
오늘도 발길 돌리지 못한다.

봄나들이

질뻐연 봄 안개로
사방이 어두침침한 동부 터미널
야상 잠바에 배낭 하나 짊어지고
나름대로 멋 차리고
봄나들이 가던 날
하나 둘 모여든
낯 익은 문우들
다른 때보다 몇 배 더 반갑다.
이사 간 그리운 문우 찾아
함께 고성으로 향하던 날

둘씩 짝을 지어
버스에 오르니
마치 유럽이라도 가는 것 같다.
서로 들뜬 여행 기분에
아이들처럼 떠들어댄 문인들
배낭 속에 넣어온 커피 한 잔과
비스킷을 돌리니
형자 형님은 생기다 만 땅콩을
주먹 가득 쥐어준다.

지지리 못난 땅콩
생김보다 맛은 일품이다.
웃음보 터져 나온 땅콩이야기
제각기 시작한 땅콩 시
쥐똥만한 땅콩이 주인공이 된 시간
시인들은 저마다 멋진 땅콩 집을 지었다.

공룡 발자국따라

그리움이 봄비되어
추적추적 묻어나던 봄날
친구 따라 찾은 고성 바닷가
억 년전 공룡 발자욱 따라
속도 전쟁의 길 나섰다.
몸보다 훨 작은 우산을 쓰고
넘어질까봐 주춤주춤
오밀조밀 상족암 둘레길을
세월을 몸에 안은 문우들이
알레그로로 함께 걷고 있다.

희뿌연 물안개로 뒤덮인 바닷가
중생대를 휩쓸었을 거대한
백악기 공룡 발자국
지금은 화석으로 남아
봄비에 깔려 너무도 아련하다.
병풍바위를 지나 맥전포항
상족암에 찍힌 수많은 공룡 발자국들
야외박물관에서도 미로를 통해
공룡의 실체를 더듬어보지만

상상력에 자꾸 엔지가 걸린다.
봄비 탓으로 돌려보지만
세월에 둔감해진 뇌류를 어찌 탓하랴.

아직도 설레는 여름방학

7월이 오면 자꾸만 설레는 내 마음
들뜬 마음에 가방 끈을 돌리며
신바람에 마음까지 떨려왔던 여름 방학
찜통 더위로 온 몸 젖어 올쯤이면
양동이에 담긴 물에 발 담구며
아이들 통지표 만드느라 비지땀을 식혔었지.
그래도 선생님이기에 꿈꿀 수 있는
방학이라는 특수적 매력을
한껏 자부심으로 부풀렸었다.

여행은 어디로 갈까
무슨 연수를 받을까
방학을 무얼로 가득 채울까
방학 말만 들어도 마음이 떨려오던
그 때만 생각하면 뭐든 참을 수 있었다.
7월이 오면 날밤 새며 계획짜던
그 때가 자꾸 그립다.

꽃무릇

휘엉청 달 밝은 밤
강강수월래 할까나.
눈부신 족두리에
화려한 네 모습
살며시 내민 손
수줍음 띈 눈웃음
영락없는 꽃신부다.
청사초롱 불 밝혀라.

기다림의 모진 세월
눈물로 핀 노래인가
내 마음 고이 담아
꽃다발로 전할까나.
섬섬옥수 그리운 세월
헤아릴 수 없어라.
님께 바친 사랑의 언약
꽃술로 다시 타올라라.

행복한 해먹

홀로 꽃피고 잎피는 시간마다
이제 저제 기린목 되어
님 발자욱 소리마저 그리운
고요한 연무천사
오밀조밀 채전 밭 속에서
대파보다 쑥 커 버린 풀들
심심타 못한 호박초롱
대형사고를 쳤다.
달님도 몰래
옥동자 잉태해 놓고
숱한 비바람 땡볕 속
콩콩 가슴 몇날 뛰었을까
고추밭 이랑 잠자리가
상추꽃 위의 흰나비가
요리조리 숨겨줬지만
더 이상 숨을 곳이 없다
눈치빠른 넝쿨손
대문 앞 찰감 나무 위로
얼른 몸을 숨겨줬지만

움켜 쥔 탯줄만 대롱대롱
반짝거린 초록 잎새 사이로
쏘옥 얼굴 내민 볼록 배

너는 세상에서 가장 행복한 해먹
바람 그네여라.
구름 그네여라.

연무천사의 밤

오래된 찰감 나무 아래
옛날 아궁이가 재현되었다.
집 개조하며 쫓겨 난 가마솥
미련 때문에 아쉬워했는데
기품엔 못 미쳐도
식솔 관계치 않고 통크게 사온
반짝이는 대형 양은 솥
볼품으로는 대가 풍경이다.

메주를 쑤자느니
간장을 닳이자느니
옥수수를 삶자느니
세대차를 넘어 의견이 분분하다.
시운전이 시작된 첫날 작품
사위 오면 잡아준다는
암팡진 씨암탉 두 마리
연무천사의 특별 메뉴
활활타는 장작불이 제격이고
그리움과 추억까지 샘솟으며

푸짐하게 익어가는 장모님 닭백숙
화기애애 사랑까지 푹신 무르익는다

* 연무천사 : 연무대에 새로 개조한 집으로 아름다운 안개가 솔솔 피어오르듯 좋은 글이 샘솟는 뜻을 기원하는 집.

시인의 가을걷이

실렁실렁 선 글농사꾼
마음의 묵정밭 몇 평에
흩뿌려 가꾼 나의 글곡들
가을 햇볕에 너무 왜소하다.
비비 틀어진 상상 말랭이
작아도 감동샘 콕 찌른
매운 고추 한 채반
글 수염 정히 쓰다듬을
영근 옥수수 두 자루
거기다가 젊어도 영감 되는
붉은 대추 대 여섯 개
가을볕에 그을려 고스레기 되었다.

글 광주리에 고작
반도 안 찬 가을 추수
내가 품고 넘어야 할
귀하디 귀한 글고랑이다.
그 어디서 찬바람 맞고
낯선 잠을 잤는지
상상의 밥은 굶지나 않았는지

사유의 발자국 소리 들은 지 오래고
주인 얼굴 코빼기도 모르니
어디서 글 푸념 가을걷이 운운하랴
뿌린대로 거두리라는 선각자 말씀
올 가을 앞에서 부끄러워
차마 내밀고 싶지않은 나의 글 성적표

꽃창포

자주 고름 나부낀다.
그네 줄 내려라.
누구 머리 소담한가
내기 한 번 해 보자.

자주 댕기 펄럭인다.
더 세게 밀어라.
몇 천 번 둘러봐도
일색을 못찾겠네.

늘어진 자주 고름
풀어헤친 자주 댕기
품에 넣어도 싫지 않을
아름다운 낭자여.

신 • 경 • 자

신사임당을 꿈꾸어온 현모양처로 로얄패밀리를 위한 '내훈' 집필을 구상 중이며, 현재 중앙로에서 '황실침구'를 운영하며 행복한 시인의 꿈을 키워가고 있습니다.

성스러운 빛

세찬 바람이 너무 심하게 불어
행여 비가 내릴까봐 바라본 하늘
숨이 멎을 듯한 하늘의 광경
입안에서 저절로 탄성이 터져나왔다.
뭉게구름 사이로 어렴풋이 보이는
하늘로 가는 문
작은 구멍을 통해 물가로 쫙 비친다.
성서에서나 봄직한 그 빛이
오늘 눈앞에 찬란하게 나타났다.

말문이 막히고
글문이 닫히고
오직 눈으로 다시 재확인하며
하늘을 쳐다보고 또 쳐다본다.
천상에서 물 위로 내리비치는 그 빛
그 감동 어찌 다 표현할 수 있을까
가슴이 멎은 듯 그저 멍하다.
들킬까 없어질까
탄성과 감동으로 다가온
하느님의 오묘한 그 빛이여!

어머니

내 어머니 뵙고 오는 날
갈마동 고갯길 넘어오며
어머님의 삶도 이 고갯길 같았으리.
생이 버거워 숨이 헉헉거릴 때
누가 어머니를 부축했더라면
지금 이토록 부서지지 않았을 걸
왜 여태 그 생각 못했을까
알고도 뻔뻔하게 방치한 자식들
당신 앞에 모두 죄인입니다.

이제라도 죄를 토하듯 말 하리까
감히 상처받은 어머니의 삶을
아지랑이 피어오른 둑가에서
싱건이 뜯어 먹으며 엄마 기다렸던
철없었던 그 때 그리워라.
이제라도 엄마께 투정부려 볼까
함께 따뜻한 밥 한끼 먹어 볼까
어머니 뒤늦은 용서를 구합니다.

부족한 당신 자식들
풍족한 삶 꾸리게 하시려고
당신은 이렇게 스러지는 삶을 사셨습니다.
내 가슴의 눈물 이제 어디다 뿌릴까요
사랑합니다.
감사합니다.
건강하게 오래오래 사세요. 어머니
내 어머니는 정말 훌륭하게 사셨습니다.
어머니, 감사합니다.

사유의 공간

하늘이 열리는 새벽시간
유등천을 내달리며
노래와 구령에 맞춰
뛰고 또 뛰어본다.
아무도 말릴 수 없는
내 사유의 공간에서
끓어오르는 열정을
욕망의 원고지에 가득 채우고 싶다.
폭풍우와 빙하로 덮인
참담했던 나의 인생
신사임당을 꿈꾸며
누르고 참고 뛰었다.

추앙받진 못해도
바르게 살아가며
나이듦의 여유를
글로 뿜어내고 싶다.
왔노라.
보았노라.
쓰겠노라.

아름다운 이 도전
분출구에 고인 이 행복감
이태백과 지금 겨룬다 해도
결코 뒤질 순 없으리라.

내 훈

나의 가슴 한 켠엔 간절히 이루고 싶은
소망나무 하나 곧게 크고 있다.
내 가문 박씨 후손들에게
올바르게 살아가라는 작은 지침 하나
어려서부터 유난히 닮고 싶었던 한 사람
누구보다 글과 그림을 좋아하고
자녀교육에 탁월했던 현모양처
내가 흠모했던 그 이름 신사임당

소현왕후가 쓴 궁의 내훈
이황선생의 언행록을 보며
내 자손 대대 손손 그걸 본받으며 바르게 산다면
그 어떤 수확이 이보다 더 크랴.
높은 빌딩 대기업은 물려줄 수 없어도
낮지만 사랑 가득찬 금전 빌딩 내 황실 침구
난 이곳에서 날마다 행복한 꿈을 꾼다.
벚꽃 온사방에 뒤덮혀 너울너울 춤추는 이 행복마당
난 이곳에서 또 하나 작은 꿈을 꾸고 있다.
결코 돈으로 살 수 없는 행복을 나누며
실습과 자격을 겸비한 고급 인력 배출의 집
사랑 가득찬 현장 실습장이고 싶다.

선생님이라 부르리라

연암 박지원의 열녀 비문을 보다가
'시와 연애하라.'는 선생님의 강의를 듣고
뛰는 내 가슴 환희에 젖어
벌겋게 닳아오르는 열정 주체할 수 없었다.
내 가슴 빛으로 환히 열어주신 김숙자 선생님
지친 가슴 치유하고 멘토링 해주신 선생님
내가 살아갈 이유와 존재가치를 심어주셨다.

나이차는 별로 없어도 몇 십년 더 앞서서
나를 꿰뚫고 있는 듯한 느낌으로 에워싼
글을 통해 참 행복을 알게 해주신 선생님
보잘 것 없는 내 글에 생명을 넣어주시고
글밭이 잘 자라도록 지줏대를 세워주어
튼실한 글 열매 맺도록 날 지탱해 주신 선생님
글을 통한 나의 멘토이기에 더욱 소중하다.
내 마음 속 깊이 더 아끼고 우러러 보리라.
지혜로 가득 찬 문학의 숲 함께 헤쳐 나가리라.
당신을 든든한 나의 선생님이라 부르리라.

사랑 칼국수

오로지 자식 먹일 욕심 하나로
힘겨운 밀대 온몸으로 밀어가며
쫄깃쫄깃 면발 사랑으로 빚어
맛깔나게 끓여주신 어머니 칼국수
한석봉 어머니의
떡 써는 솜씨에 비교해도
조금도 손색없는
내 어머니 칼국수 솜씨
그 때만 해도 건강하셨지만
내 나이 어느 새
어머니 나이를 먹고 보니
아픈 추억으로 남아 있다.

칼국수가 별로이던 아이들에게
눈 껌뻑이며 맛있게 먹으라고
무언의 압력을 넣으시면서도
환한 웃음을 흘리시던 어머니
불볕더위에 땀흘려가며
뜨거운 칼국수 통 자전거에 싣고 나와
어머니 생각하며 나눠먹던

좋은 시장 이웃들
조건없는 내 어머니의 희생이
훈훈한 칼국수에서 나온 하얀 맛김처럼
정 돈독히 감싸주는 이웃처럼
베풀고 어우르는 정으로 가득하다.

웃음꽃

내가 좋아하는 웃음꽃
방실방실 아기꽃
희망에 찬 엄마꽃
하회탈 웃음 넘치는 할배꽃
풍류와 인정 넘치는 웃음꽃이 좋다.
그 언제였던가?
사위가 발견한 장인의 웃음
백만불을 주고도 살 수 없는 꽃
세상이 밝아보이고
야경도 멋있었던 건 웃음꽃 때문이리.

세상 좋아졌다.
내 가슴이 넓어졌다.
내 마음이 행복했다.
펜과 종이가 내 손안에 있는 한
울타리 넘는 웃음꽃 피게 하리.
내 가슴 넘치게 핀 웃음꽃
누가 그 꽃을 싫어하랴.
가슴을 늘 감사로 물들이고
무지개 행복 함께 펴 올리는
우리 모두 가슴마다 밝게 피는 웃음꽃

봄바람이 불면

유난히 추위를 많이 타는 나는
봄바람만 불어도 신바람이 난다.
두껍고 칙칙한 옷을 벗어제끼고
상큼한 봄나물 향 감도는
칼라풀한 원피스에 눈길이 머문다.
내가 유독 좋아하는 노란 원피스
내 기분을 업 시켜주는 빨강 원피스
물빛처럼 청아한 파랑 원피스
살랑살랑 바람에 휘날리는 벚꽃 원피스
봄바람이 불면 내 마음도 살랑거린다.

봄바람이 불어오면
내 가슴 속 잠자던 프로그램도
살며시 고개를 든다.
로얄 패밀리를 위한 내훈 작업
내 혼신을 다한 역작을 만들고 싶다.
가문의 획기적 기록을
저서로 꼭 남기리라.
박씨가의 며느리로, 어머니로, 아내로 할머니로
그렇게 살다갈 나의 흔적 가족 대업을
봄과 함께 꼭 이루어내리라.

그리운 내 아버지

어릴 적 내 아버지
가끔씩 너무도 그립습니다.
어찌 그리도 어머니를
힘들게 하셨던가
시대적으로 모두가 어려웠지만
허영심 많고 멋진 아버지이셨습니다.

눈오는 날 고속버스가 위험하다고
기차를 타야겠다고 하시던 아버지
그러나 그 해 겨울을 견디지 못하고
돌아올 수 없는 나라의 차표를 사셨다.
지금은 원망을 뛰어넘어
너무도 그리운 나의 아버지
지금 보기에도 아까운 이 행복을
당신께 죄다 보여드리고 싶습니다.

올 가을 들어 새삼
밀려오는 아픈 추억이 아름답다.
동네에서 인심좋기로 정평이 나시고

정월대보름이면 우리 꽃마당에서 잔치가 벌어졌다.
아버지의 안락한 품 속에서 춤추고 싶다.
오 그리운 내 아버지

내가 좋아하는 국화꽃

어릴 때 내가 유난히 좋아했던
노오란 국화꽃
엄마가 되어서도 그 맘 변치 않아
내 아이들에게도 자주 입혔던
노오란 색 티셔츠
국모였던 육영수 여사가
안타깝게 서거하셨을 때
식장이 온통 국화꽃으로 뒤덮여
울분대신 노란색 평화로움이
슬픔에 쌓인 나를 압도해버렸다.

내가 이 세상 하직 하는 날
나도 생에 의미있는 큰 점 하나 남겨
저렇게 샛노란 국화꽃에 휩싸여
마치 축제의 마지막 주인공처럼
잔치하는 기분으로 떠나가고 싶다.
백만송이 장미보다
신부의 화려한 부케보다
내 마음 송두리째 흔들어 놓는
노오란 국화꽃물결
애틋함으로 항상 내곁에 머문다.

로얄 패밀리

사랑하는 내 가족과 함께 해온
의미있는 가족 야유회
해마다 7월이면 가슴이 뛰고
어느새 다섯 번의 막이 올랐다.
오래오래 가족의 역사가 되고
추억으로 남을 모임을 위해
온몸을 던져 애썼던 기억
시간없는 틈틈이 짠 내 아이디어
가족들에게 생을 살아가는 가치와
로얄 가족의 존재감이
멋지게 물들었으리라.
미치도록 사랑하고픈 내 가족

부모는 시간이 흘러가도
자식의 거울로 살아야 한다.
자식들과의 관계는
있어야 할 그 자리에 꼭 있어야만 한다.
해를 거듭할수록
더욱 빛나는 가족 모임
가족간의 끈끈한 유대강화로
더욱 우애 돈독한 로얄패밀리

내 글밭의 보석들

나 이세상 무엇으로 살았던가?
이제와 곰곰이 생각해보니
나의 가족과 내 정신력이 모두였다.
내가 스러지지 않았기에
오늘이 있었으며
내 정신력과 의지력이 재산이었다.
친정 어머니의 참을 인자 가르침
그게 없었더라면
사랑하는 가족과 이별도 여러 번 있었으리라.

정신적 지주이신 내 어머니
그분의 말씀은 내게 가시밭길이었고,
또 희망의 등불이었다.
견디기 힘들었던 모진 세월들
나 이젠 글로 말할 수 있다.
지금은 어느 누구보다 행복하다고
구십이 넘으신 내 어머니
생에 마지막 정신적 지주이신 당신
그 사랑, 그리움, 원망은 내 글밭의 보석들이다.

세상의 빛이고 싶다

이 세상에서 가장 값진 보물이 무얼까
두 말할 필요조차 없는 자신이다.
내가 있기에 세상이 존재하고
내가 있기에 내 가족 또한 존재한다.
생애에 이보다 값진 일이 또 무엇이랴.
가감없이 내 가족과 가문을 들고 싶다.
그걸 위해서라면
나마저 기꺼이 바치리라.
자신은 필수 불가결의 존재
나 없는 세상은 존재 가치조차 없다.
이 세상에 하나밖에 없는 유일무의 존재
난 누가 뭐래도 광명 세상의 빛이고 싶다.

그리움

언제나 머언 발치에서
굽은 등만 보여 주셨던
내 아버지
너무 잘생긴 외모 탓으로
유난히 어머니를 힘들게 했지만
먹고살기도 힘든 그 시절
장남 월사금을 일년 선불로 멋지게 내신 분
눈오는 날 고속버스가 위험하다고
기차를 타시겠다시던 내 아버지가
그 해 겨울도 넘기지 못하시고
영영 우리 곁을 떠나가셨다.

곰곰이 생각해보니
그 분이 계셨기에 여기 내가 있지 않은가
원망을 뛰어넘어 너무도 그립다.
나의 이 행복을 아버지께 전해 드리고 싶다.
누가 말했던가
물밀듯 밀려오는 가슴 아픈 추억도 사랑이라고
그 기억마저도 이젠 그립다.

왜 그리도 모질었을까
어릴적 이불 속에서
날 꼭 끌어안고 턱에 난 수염으로
내 얼굴을 문지르던 그 아버지가
오늘따라 사무치게 그립다.

가슴 속에 피어난 나의 야생화

내 가슴 속에 핀 돌팔이 야생화
나도 몰래 끈질기게 피어나는 내 마음의 꽃
어릴 적 울타리처럼 온 집안을 에워쌌다.
산들바람이 불어올 적이면
박하 향이 삼 칸 기와집에 가득 차
아름다운 천연향수가 되어 주었지.

내 가슴 속에 잠재되어 있는 끼
마음 속에 지지 않고 피는 끼를
누가 야생화라 아니하랴.
짓밟히고 짓눌리고 눌리다가
이제야 피어나는 나의 야생화
매듭진 손 안에서 종이와 펜으로 꽃피우리라.
날마다 거듭나고 진화되는 과정 속에
활짝 피어날 나의 야생화
뭇 사람 가슴 속에 즐거움 가득 안겨주리라.

보문산

가까이 있어 너무 좋고
내 마음 울적할 때면
금방 달려가 안기고 싶은 마음의 고향
막걸리 한 잔에
파전 한 접시 앞에 놓으면
세상이 모두 내 것인 양 품어준다.

갈길 바빠 허둥대는 사람
세상 걱정 다 내려놓고 졸고 있는 사람
바람 앞에서 시 한 수 읊은 사람
자리 펴고 누운 사람
하고많은 군상들이
모두 내 먹잇감이로고

내 남편을 만나게 해 주고
내 아이들이 자라났고
내가 일할 터전이 있고
지금의 나를 있게 해줌같이
우리 가족 힘의 근원인
나 그대를 사모하리.

내 가족

가족은 내가 품어야 할 귀중품
내 힘과 사랑의 원동력이다.
곁에 있어도 보고 싶고
오늘 보고도 또 보고 싶다.
명품이 어디 따로 있으랴
내 가족이 명품이요
갖고 갖어도 또 갖고 싶은 내 가족
생에 버리지 못할 귀중한 애장품 아니던가

나는 품으리라.
못나도 잘나도 어울림으로
내가 사는 그날까지
로얄패밀리를 품으리라.
잠시 잠깐의 부보다
가문과 가족에 누가 되지 않는
지 · 덕 · 체 · 예를 겸비한
명품가족이 되기를 희망한다.

작은 몸짓 하나가

하루가 버겁고
내 마음 짓눌릴 때
나는 불현듯 어디론가
길을 나선다.
쾌쾌 묵은 헌책방에 들러
쓸데없는 잡담도 쏟아보다
갖고 싶은 책을 발견했을 때의
말할 수 없는 그 기쁨
생활이 버겁고 힘들 때
무작정 걸어도 보고
노래도 불러보고
괜시리 뛰어도 본다.

긍정적인 삶과
미래지향적 삶은
내 주위를 밝히고
살맛나게 하는 활력소
나는 지금 이대로가 너무 좋다
글에 심취한 내 모습
짜릿한 행복감에 젖어
이 순간 도전의 열기로 취해 있다.

지리산 계곡

바람 소리 물 소리
숲과 나무 그리고 바위
어느 것 하나
그립지 않은 게 없구나.
바위에 걸터앉아
멍하니 나무만 바라봐도
자연을 함께 품고 있어
너무도 좋았던 하루

남원에 들러
춘향이와 이도령의
지고지순한 사랑이야기에
타임머신을 타고 있다.
벚꽃 휘날리는 어느 봄날
섬진강가에서
나도 드레스와 턱시도를 입고
그대와 왈츠를 추고 싶다.

내가 사랑하는 그 남자

아픈 곳 긁어주는 남자보다
멋진 파티를 아는 남자
톤 높은 아내 목소리에
박수갈채를 보내준 사람이 나는 좋다.
내 꿈과는 동떨어져
죽을 때까지 통할 것 같지 않았던 그 사람
세월은 무딘 그이를
존경의 대상으로 변모시켜 놓았다.

의무적인 동행이 아닌
검은 머리 파뿌리 되어도
내 생의 큰 바위가 되어
나를 편히 걸터앉게 해 준 그 사람
나도 그이를
지금보다 더 큰 사람으로
멋진 반석 위에 올려놓고 싶다.
부디 거절치 마시오. 내 사랑 당신.

옥천의 단상

어릴 때 내 뼈가 자란 고향은
아픈 기억이 더 많다.
맛있는 걸 아껴서 어머니께 드리려면
어느새 오라버니가 채뜨려 뺏어먹고
새하얀 쌀밥이 먹고 싶어
아버지 등 뒤에서 기다렸는데
텅 빈 밥그릇만 바라보며 한없이 울었던
그 가슴 아픈 기억이 먼저 얼굴을 내민다.

어린 시절 둘도 없는 내 짝꿍은
교육청의 장학사 손녀딸이었다.
친구 집의 품위있는 그 모습을 보며
나도 신사임당을 꿈꾸었다.
내 삶에 큰 영향을 준 어린 시절은
고대광실 높은 대문에서부터
내 꿈이 소리없이 크고 있었다.

어려울 때 내 고향 옥천은
정말 좋은 기억이 없었다.
아들이 사법고시에 합격하고 나니

제일 먼저 고향이 떠올랐다.
군수님이 오셔서 축하해 주시고
기쁠 때 함께 할 수 있어
진정 고맙고 좋은 건 고향 옥천이었다.

큰댁 가던 길

어렸을 적 어머니 손을 잡고
큰댁을 가던 날
그 어떤 일보다 신이 났었다.
큰댁에 가면 곱게 바느질 하고 계신
쪽진 큰어머니 모습이 너무도 정겨웠고
큰아버지께서 큰엄마의 등을 긁어주시며
환히 웃던 모습이 지금도 생생하다.

나와 동갑내기 오빠는
머리에 하얀 띠를 매고
라디오도 꺼놓고
웃방에서 열심히 공부하며
우리 얘기에 귀도 기울이지 않고
말을 안 하면서도 반겨주는 모습이 떠오른다.

오빠는 서울대 상대를 들어갔는데
우리 아버지는 왜 큰아버지와 달랐을까
공부하고 싶어하는 자식들을
공부는 커녕 힘들게만 하셨을까
내가 부모 되면 그런 부모는 되지 않으리
자꾸만 아버지에 대한 원망이 커진다.

둥실둥실 보름달이 좋아라

그토록 무뚝뚝하던 남편도
추석 성묘길에서 만큼은
아이들에게 너무도 자상한 아빠가 된다.
어릴 적 아빠 추억담을 듣던 장성한 아들들
보기만 해도 더없이 고맙고 사랑스럽다.
보름달이 밝아올 무렵이면
송편과 찰밥을 먹어야한다고
힘드신 줄도 모르고 찹쌀 한 말씩이나
약밥을 쪄내셨던 어머니가
지금은 너무도 그립다.

송편을 만드실 때도
작고 예쁘게 만들어야
예쁜 애기 낳는다고 하셨는데
맘과 달리 잘 만들어지지 않아
혼이 났던 추석의 여운
그러나 지금은
세상이 너무 좋아져
음식 솜씨 좋지 않아도
가족 화기애애하여 보름달처럼
둥실둥실 웃음 떠오르면 좋겠다.

잊을 수 없는 선물

세상에서 무뚝뚝하기로
등위를 매기라면
아마도 한 방을 쓰고 있는
내 남편 금전이 단연 장원일 듯 싶다.
그런 남편에게서 받은 첫 선물은
말하기조차 부끄러운 여자의 속옷이었다.
가을 사과처럼 달아올랐던 내 얼굴
지금까지 고맙단 인사도 못했지만
선물의 의미는 굳이 따져 무엇하리
아마도 행복한 구속이 숨겨 있었으리라.

받음보다 주는 것에 더 익숙해 있던
오랜 회한의 세월 속에
지금쯤 샴페인 한 잔이라도
기울일만한 운치가 그리워지는 때
나또한 세월이 변해 남편 앞에서
오 내사랑 목련화를 불렀을 때
승리의 기쁨을 만끽이라도 하듯
그이 손에 샴페인석 반지가 끼워졌다.

그 감동 어찌 잊을 수 있으랴.
딸 내외가 명품을 선물하며
부모까지 품위 유지를 권유하지만
자식들이 주는 물질적 선물보다
그들이 불효하지 않도록
조건없는 정신적 사랑을
부모는 실천으로 내줘야 한다.
죽는 날까지 부끄러운 부모로 살지 않으리.

내가 시를 쓰는 이유

항상 글을 쓰고 싶은 열정만 가득 가지고 있었는데, 막상 내가 써놓은 시가 시집으로 나온다는 생각에 오래도록 밤잠을 설쳤습니다. 저 혼자서는 감히 용기를 낼 수 없었을텐데, 열정적이고 매력적인 시창작 수업으로 여러가지 지도와 도움을 주신 김숙자 선생님을 만났기에 모든 게 가능한 일이 되었습니다. 세이 문화센터에서 인문학의 열풍이 불어닥치던 늦은 봄날, 시 창작반에서 '시와 연애하라'는 과감한 도전 앞에 심한 전율을 느끼며 열심히 오늘에 이르렀습니다. 작은 수첩 속에 숨죽이며 긁적거려 두었던 어설픈 내 시들이 이제 세상 밖으로 튀어 나올 걸 생각하니 기쁨보다 두려움이 앞섭니다. 그러나 맑은 영혼을 지닌 사람은 좋은 글을 쓸 수 있다고 합니다. 이 가을 온통 붉게 타오르는 단풍처럼 내 시도 가을빛으로 아름답게 물들고 싶습니다. 지금은 비록 보잘 것 없는 졸작 시일지 몰라도 열정을 가지고 시 수업에 정진하고, 인간냄새 나는 사람으로 살아가다 보면 언젠가는 많은 사람들의 가슴을 데우는 좋은 시를 쓸 수 있을 것 같습니다. 그리하여 함께 가슴 아파하며 점점 싸늘해져가는 우리 사회에 따뜻한 훈김이 도는 시로 다가가고 싶습니다.

신 • 정 • 애

학창시절 유난히 시가 좋아서 항상 가슴 한 구석에 시를 쓰고 싶은 욕망이 남아 있었는데 오랜 세월이 흐른 지금 녹슬었던 내 가슴에 살며시 시의 불씨가 당겨졌습니다. 지금은 국선도와 노래교실을 다니며 취미생활을 하고 있지만 시인의 꿈이 또다시 나를 노크합니다.

시인의 꿈

학창시절 그리도 국어선생님이 좋더니
내겐 시인의 그리움이 남았나보다.
내 마음의 모두를 시로 표출하고 싶다.

기뻤던 날은 언제였던가
힘들고 지쳐있을 땐 왜 그랬던가
괴로움과 외로움이 모두 시가 되었으면 좋겠다.

가슴이 터질 것 같은 환희의 순간도
미움과 분노가 가슴에 치솟을 때도
내 마음 시로 가라앉혔으면 좋겠다.

내 사랑하는 가족들
내가 좋아하는 친구들
함께 살아가는 이웃들의 멋진 이야기
모두 시로 쏟아져 나왔으면 좋겠다.

동심초

꿈많던 학창시절
노랫말이 너무 좋아
내 마음 속에서 늘 흥얼거렸던 가곡
학교에서 자주 들려주던 동심초가
사춘기 소녀의 마음을
여지없이 흔들어 놓았다.

동심초는 현실의 꽃이 아니라는데
선생님이 내게 지어주신
아름다운 시로 내 가슴에 피었다.
당나라 명기 설도의 시가
김소월 시인을 만나
사랑하는 마음이 상상의 꽃으로 피었다.
세월이 흘러도 이렇게 피어나
옛추억을 떠올린다.
내 마음 속에 영원히 피어날 동심초

패랭이꽃

산과 들에 나가보면
청초하고 단아한 너를 만나
내마음 평정심으로 돌아간다.
종갓집에서 육년 만에 태어난 나
할머니 사랑을 각별히도 받았다.
아랫배가 아플 적마다 다려주셨던 패랭이꽃

그는 나의 원동력이요
생의 활력소이자 희망이었다.
우울할 적이면 난 그 앞에서 위안을 받는다.
거센 비바람 속에서도 꿋꿋이 참고
인내로 버티어 온 끈질긴 생명력
그 강인함으로 지금 내가 살고 있다.

정신적 지주

나의 뇌리에 각인되어 있는
나의 존경하는 아버지
항시 근엄하고 올곧은 모습으로
큰 산처럼 든든하고 소중했다.
하늘 나라 입문하시기 일년 전이었던가
우연히 딸들에게 술 한잔씩을 권하시며
참고 인내하며 살다보면 좋은 날 있을 거라며
눈가가 붉어지셨다.

가정에서 늘 엄격하신 척 하셨고
마치 신적인 존재와 비슷했지만
지금은 넓고 포근한 그 자리가
텅 비어 너무 그 자리가 크다.
결혼하여 모범된 가정을 꾸려가는 모습
보여드렸어야 하는데
그러지 못했던 게 늘 가슴 아프다.
지혜롭고 성실하게 살라던 그 말씀
오늘도 내 뼈에 사무친다.
그리운 아버지,
결혼 일찍 시켜서 고생시킨다는 생각
이젠 제발 잊으시기 바랍니다.

생명 앞에서

세상에서 가장 귀한 보물이 무얼까
두말할 여지 없이 내 생명이다.
평범한 일상 속에서 잊고 살다가
청천벽력 같은 진단 앞에 말을 잃었다.
세상을 다 준대도
나를 살 수 있을가
이 세상의 어떤 부귀영화도
나 없으면 부질 없는 것
생애 이보다 더 존귀한 게 무얼까
내 생명이 없다면
영혼의 윤회야 있을지 몰라도
세상 그 어떤 것도 생명보다 귀할 순 없으리라.

대청댐 가는 길

마음이 답답할 때 저절로
내 발길이 머문 그 곳
길 양옆으로 하얀 벚꽃이 너울거리고
멍울진 내마음처럼
호수는 언제나 말이 없다.
삶의 무게가 나를 짓누를 때면
대청댐에 가득 담겨 있을
수많은 애환을 생각하며
다시금 마음을 가라앉히고
생의 재충전을 시도한다.
대청댐 가는 길은
내 삶의 활력소
답답하고 우울했던 가슴이 탁 트이고
무거웠던 어깨가 가벼워지며
환희의 웃음꽃이 피어나고
희망이 절로 절로 솟는다.

가족

이 세상에서 내가 없을 때
내 존재가치 누가 알아줄까
떨리는 큰 수술 앞에 놓고
가족 사랑이 있어 가능했다.
바쁘게 살 땐 몰랐는데
힘들고 괴로울 때 생각나는 사람
슬프고 어려울때 가장 많이 생각나는 건
두말 할 것 없는 가족이었다.

가족간의 끈끈한 대화
소통과 정을 동반한
가족들간의 따뜻한 사랑
이루고 싶은 가화만사성
서로에게 평화가 있고
서로간의 소통이 있고
서로간의 배려가 있으면
누구도 부러워 할 아름다운 가족이리라.

마음의 긴장끈

내 뇌리에서 결코 잊을 수 없는 칠월
생각지도 못한 교통사고로
다리를 다쳐 너무 많은 고생을 했던 나
조금만 이상이 와도 긴장끈을 놓지 못한다.
갑작스런 사고로 너무 힘든 시간을 보내고
마음의 상처까지 입어 심히 괴로웠다.
주위의 외면도 서러웠지만
외로움과 체력도 바닥을 쳤다.

걸을 수 없으면 어떡하나
참을 수 없는 분노가 가슴을 차오르지만
나만의 공간에서 즐거움을 찾고
가정과 이웃에 최선을 다해본다.
결코 실망하지 않고
따스한 긍정 마인드로
마인드 콘트롤을 하며
내 몸 내 맘 치유 할까보다

추억 속의 선생님

꿈많던 학창시절
난생 처음 좋아했던 단 한 사람
국어를 유난히 좋아했기에
첫눈에 반한 미남 총각선생님
수업시간이면
한 손을 주머니에 넣고
낭만적 제스추어를 취하며
발표를 잘한다고
총애를 받기 시작하며
친구들의 질투가 시작되었던
학창시절 기억이 지금도 생생하다.

어느 날이었던가
대학 병원 앞 먼 발치에서
만나 뵌 그 선생님
초췌한 모습 민망하여 고개를 돌렸다.
한때나마 존경했던 그 선생님
영원히 빛바래지 않으리라 여겼는데
이젠 추억 속에서도
흑백 사진처럼 희미해진다.

영혼의 외출

당신이 생의 기억을 잃어
과거와 현실을 망각 하실 줄은
꿈에도 생각지 못한 일이다.
시간과 공간 개념을
알아보지 못한 사실에
망연자실 하였던 나

종갓집 맏며느리로
너무 고생을 많이 하신 어머니
효도를 받아 마땅한 당신인데
말하기조차 무서운 치매라니
가슴속 죄책감에 사로잡혀
지금까지 생채기가 남아있다.

처절한 외로움이 병이 되셨나
아버님만 살아계셨대도 이러진 않았을텐데
칠년 전 요양 병원 입소하시던 날
흐르는 눈물을 주체할 수 없었다.
차창 밖 들꽃 이름을 물으실 때

눈물을 삼키며 대답했던 내 마음
엄마의 저 모습이 미래 내 자화상으로 다가온다.
영혼의 외출이 아주 잠깐이었으면 좋겠다.

잊지 못할 여행

몹시도 더웠던 그 해 여름
한 폭의 수채화 같은 그 길을
땀을 뻘뻘 흘리며 걷고 또 걸었던
산천초목 우거진 아름다운 길
천문산에서 보았던 야외쇼
나뭇꾼과 백호 이야기
사람과 짐승의 사랑이건만
눈물을 너무도 많이 쏟아냈다.

모처럼 여자들 다섯 명만
가게 된 화기애애한 여행 길
서로간의 배려와 이해로
잊지 못할 추억을 쌓았다.
그 절벽같은 층계를
위험 감수하며 오르내리고
케이블카를 타면서도
아찔아찔했던 많은 추억들
우리 다시 한 번 뭉쳐
동유럽을 여행하고 싶다.
남편들과 함께 하진 못했지만
우리만의 멋진 추억을 더 만들고 싶다.

환희의 꽃

세상의 온갖 고통이 나를 감싸도
자식들을 생각하면 평화와 위안이 되고
보이지 않는 엔돌핀과 희망이 솟았다.
자식은 내 삶의 지표와 철학이고
자식은 죽을 때까지 함께 저어야 할
뱃사공의 노와 같기 때문이다.

나의 정신적 지주인 신앙 안에서
자식은 나의 애틋한 분신이기에
언제나 함께 할 수 있는 것이다.
어렵고 힘든 인생의 과정 속에서
자식은 나의 용기와 희망이었고
환희의 꽃이었다.
내게 더 어려운 고난이 찾아온다해도
믿음과 희망의 광주리가 있기에
죽는 날까지 나 그들을 품고 살 수 있으리라.

내 고향 옥천

내 고향 옥천은
포도 복숭아가 지천이고
정지용 시인 향수의 고장이다.
뒷동산 아지랑이와
이름모를 새소리 지즐대고
예쁜 꽃들 줄지어 피어나는 고향 집
까만 기와 지붕에
육남매 도란도란 둘러앉아
간식으로 물리게 먹던 노오란 고구마
큰 이불 하나 가지고
서로 이불 귀퉁이 잡아당기다
어머니께 걱정 듣던 그때 그리워라.
절망과 고통 속에서도
고향은 언제나 엔돌핀이 돌게하고
희망의 날개를 달아 재충전을 시켜준다.

보름달이 뜰 때면

나 어렸을적 추석이면
많은 가족들이 북적대고
온 동네가 맛있는 냄새로 진동했다.
그 중에서 더욱 생각나는 건
내 손에 살며시 용돈을 쥐어주던
고모는 내 마음의 보름달이다.

송편과 전 붙이느라 몸은 힘들어도
막걸리 한 잔에 노래 한 곡 곁들이면
피곤은 저 머얼리 사라져버린다.
이제 우리 집에도 새애기가 들어오고
옹알이 하는 귀여운 손주 재롱으로
보름달 대신 웃음꽃이 피어난다.

그래도 내 마음은 옛날 기억이 떠올라
동네에서 음식 솜씨 좋아 불려 다니시던
내 어머니 생각에 눈시울이 뜨겁다.
지금은 쓸쓸한 요양병원에서
그때 보름달 생각을 하실는지?
팔순 잔치 하던 날 모습에 가슴이 메어진다.

외갓집

나 어릴 적 어머니와
젖먹이 동생 업고
함께 갔던 외갓집
몇 년 만에 온 딸이라고
눈물을 글썽이며
등을 어루만져 주셨던 외할머니.
바구니에 찐 송편 기름 발라
하나씩 입에 넣어주시며
서운함을 감추지 못하셨다.
지금은 세월이 흘러
정신이 온전치 못한
치매 어머니와
그 때 추억 되새겨볼 수 있을까
당장은 힘들겠지만
여동생들과 추억여행이라도 가서
그 곳에서 사진이라도 찍어보고 싶다.

내가 좋아하는 음악

세상을 살아가며
엄청난 괴로움이 밀어닥칠 때
유일한 나의 탈출구는
팝송과 클래식 음악이었다.
내 삶에 살며시 찾아든 우울증
병원에 의지하는 것보다
내가 좋아하는 것에
포옥 젖어들어야 했다.

바이오리듬이 생기는
사랑과 긍정의 힘
나만 찾을 수 있는 상상의 집
오로지 음악이었다.
좋아하는 음악 들으며
가슴속에 울컥 쌓인 이야기
다 뿜어 올릴 수 있는
시원한 시 한 수 쓰고 싶다.

추억의 사각봉투

대전 중리동에 살았을 때
서예 선생님에게 받은
잊을 수 없는 선물
노오란 사각 봉투 안에
빼곡히 접힌 서예 체본
이사를 갈 때마다 신주 모시듯
잘 가지고 다닌다.
그 때만 해도 신사임당처럼
서예를 잘 하고 싶었는데
자주 이사를 다니며 그 시간을
지금까지 되찾지 못했다.

추억의 봉투 안에는 사자성어도 들어있고
구양문체의 긴 문장도 들어 있다.
지금도 구겨진 채 사각 봉투 안에서
그 때 접혀진 그대로 숨이 막혀 있을
나의 귀중한 서예 체본
몇 십년이 흐른 지금도
내 문갑 속에서 고히 잠만 자고 있다.
노오란 봉투만 바라봐도

그 때 서예 선생님의 웃는 얼굴이
봉투 위로 넘실거린다.
언제쯤 추억의 먹을 갈며 다시금
그 체본과 함께 접어둔 서예를
시작할 수 있을까

마음의 스승

극도로 어려운 환경과
갖은 시련 고통 속에서
항상 청정한 마음과 자비심으로
평정심을 꽃피우신
여신도 회장님
하시는 말씀 한 마디 한 마디는
남을 배려하는 따스한 정이 숨어 있고
사랑스러운 미소와 인자함은
중생들의 마음을 평안하게 잡아주시는
평화의 끈과 같으시다.

무슨 일이든
내 탓에 근본을 두고
상대방을 역지사지 입장으로
바꾸게 하시는 산 본보기
기본적으로 나를 낮추고
상대를 무조건 배려하는
겸손하고 다정하신 회장님
신도들이 올 때마다

친절하게 보살피시며
만사를 진지하게 보듬어 주시는
살아있는 부처님이시다.

예쁜 새애기

우리 가족 중
내가 평생 아끼며 껴안고 갈
아름다운 그 이름
남들이 통상 부르는 며느리가 아닌
내가 사랑하는 새 애기
낯선 우리 집에 시집 와서
내가 없을 때 나를 대신 할 사람
그 이름 새 애기

외형적으로 보면 아직
어린아이로 보이지만
시간이 흐르다보면
가풍도 익히고 철학도 생기겠지.
며느리로 보기 이전에
딸로 품어야 할 새 애기
가문 이을 예쁜 손주도 낳았고
내 가족의 예쁜 둥지 안에서 함께 살아갈
든든하고 사랑스런 내 새 애기.

대청댐 가는 길

마음이 답답할 때 저절로
내 발길이 머문 그 곳
길 양옆으로 하얀 벚꽃이 너울거리고
멍울진 내 마음처럼
호수는 언제나 말이 없다.

삶의 무게가 나를 짓누를 때면
대청댐에 가득 담겨 있을
수많은 애환을 생각하며
다시금 마음을 가라앉히고
생의 재충전을 시도한다.

대청댐 가는 길은
내 삶의 활력소
답답하고 우울했던 가슴이 툭트이고
무거웠던 어깨가 가벼워지며
환희의 웃음꽃이 피어나고
희망이 절로 절로 솟는다.

불갑산 상사화

가로수 양옆에 타는 불빛으로
비단 수를 놓은 어여쁜 상사화
천년을 기다려도 이루어질 수 없는 사랑
그 자리 지고나면 다시 다가온 어긋난 사랑
기다림에 지쳐 피를 토하고
붉은 핏물로 물들어버린 상사화

서로 마주보지도 못하고
가슴만 태우는 아픈 사랑이더라도
미움보다는 기다리는 사랑이
더 많은 걸 보면
너는 행복한 사랑이로다.
그리움만 쌓이는 아름다운 상사화

내가 시를 쓰는 이유

많은 세월의 때가 앉을 나이인데도 아직도 시를 대하면 내 가슴이 뭉클해지고 나도 저런 시 한편 써 보고 싶은 충동을 느낍니다. 현실에 안주해 버리고 살아간 부족한 내가 지금에 와서 좋은 시를 쓸 수 있을까? 걱정했는데, 우연히 만나게 된 좋은 김숙자 선생님 덕분에 나도 새삼 시 앞에 다시 앉게 되었습니다. 어설펐던 한 편 두 편의 시를 대하다 보니 지난 날의 추억과 희미한 유년의 기억들이 물밀듯이 시의 파도로 밀려옵니다. 부족한 글을 내 놓게 되어 심히 부끄럽지만 한 번 마음먹은 이상 이젠 절대 시의 곁을 떠나지 않을 생각입니다. 잊고 있었던 추억의 편린들을 하나 둘 모아 개인 시집으로도 펼쳐보고 싶습니다. 지금부터 분발하고 또 분발해서 생명력 있는 시를 창작하려 합니다. 그리고 따스한 사랑으로 인간관계를 부활시킬 수 있는 아름다운 시로 보답하겠습니다.

박 • 선 • 영

친정어머니의 관심사였던 '연암 박지원'의 강의에서 이어진 시 창작수업을 엄마와 함께 들으며 매주 기분좋은 외출을 하며 시창작 학습에 매료되어 마음속에 시로 사랑과 평화의 집을 짓고 싶습니다.

주바라기

해바라기가 해를 향해
한 곳만을 바라보며 가듯
나도 해바라기처럼 하느님 향해
주바라기로 살아가고 싶다.
안개꽃과 해바라기를
유난히 좋아하셨던 나의 엄마
장미꽃이 비싼 시절에
풍성한 안개꽃과 큰 해바라기로
집을 곱게 치장해 수셨나.

나도 엄마의 성향을 닮아
언제부터인지 모르지만
고흐의 삶이 묻어나는 해바라기가
내 삶 안으로 들어왔다.
세상의 빛을 향해 피어나는
아름다운 해바라기처럼
나는 주를 향해 피어나는
주바라기로 살아가고 싶다.

참사랑으로 올리는 감사패

난생 처음
내 마음 담아보고 싶었습니다.
부끄럽지만 말하고 싶었습니다.
꽃과 열매로 보답하려 했습니다.

그간 단 한번도
속마음 보여드리지 못하고
맘속에서만 애태웠습니다.
소리없는 눈물로 다가갔습니다.

사랑하는 나의 아버지
자녀 양육에 밑거름 되어주시고
행복한 가정 이끌어주시려고
언제나 가족의 등불이 되어주신 당신

정말 고마운 마음으로
작은 사랑과 정성 한데 모아
자녀들 마음 이 패에 담습니다.

봄의 찬가

만물이 소생하던 봄
내게 봄은 설레임 그 자체이다.
생의 첫 만남이 이루어졌고,
언제나 내겐 새로운 시작이었다.
좋은 인연도 꽃피는 봄이었고,
긴장감을 주는 만남도 봄과 더불어 왔고
남편과의 만남, 그이의 생일도 봄이다.

화이트데이에 사탕받고 싶다며
너스레를 떨던 남편
두 번째 만남도 역시 봄이었다.
봄은 소리없이 가슴이 뛴다.
봄볕을 받으며 성경을 읽고
아름다운 묵상의 시간도 갖고 싶다.

물빛 파아란 성경책

내 삶에서 가장 아끼고 사랑한
파란 물빛 성경책
남편과 영적 대화의 물꼬
살며시 트고 싶어 사달라고 조른
잊지 못할 결혼기념 선물
신앙심은 있는데 늘 바쁜 그이
아이들에게도 잔소리가 아닌
좋은 말씀 마음에 새겨
영원히 그 마음 간직하고 싶어
간절히 성경책을 원했었다.
먼훗날 부모가 곁에 없더라도
말씀과 함께 살아 갈 내 아이들
어떤 고난과 유혹이 오더라도
올바른 가치관으로 이겨내고
생의 가장 귀중한 유산이었으면 좋겠다.

내 남편 정재한

대전 대흥동 토박인 내가
어려서 이모 집을 다녀오며
길을 잃어버린 길치인 나를
부족한 면 대신 다 갖추고 채워준 그 사람
가족들과 시간을 갖지 못하고
한 가지 일에도 깊은 몰입을 하며
항시 만성 피곤에 젖어 있는 그이
뒷모습이 측은해짐은 웬일일까

가방을 메고 나가는 그이
뒷모습을 볼 때면
마치 전쟁터에 나가는
비장한 장수 같다.
총칼 없는 전쟁터에
혼자 보내며
꼭 살아 돌아오라며
매일 아침 미안함을 통감한다.
나 다시 태어나도
신뢰와 위트가 있는
초긍정인 아담한 그이와
내 인생 다시 동행하리라.

존재감

세상 그 어느 것보다
고귀한 존재
값진 보물은 무얼까
자신이 없으면
이 세상 아무것도 없고
부자와 재물도 부질없으리라.
때론 자신이 못나 보이고
자존감이 낮아질 적마다
애물단지라 여겨지지만
하나님의 걸작품이요,
하나님이 택하신 백성
부모 욕먹이지 말아야지.
이 세상에 태어나 가장 잘한 일이란
한 사람의 영혼이 천하보다 낫다는
창조를 이어가는 일이리라.

빛나는 이름표 '성실'

수많은 나날 가족을 위해
묵묵히 근면 성실로 일관해 오시며
한치의 흐트러짐도 없으시며
완벽하신 오 나의 아버지
고지식하고 우직하신 당신
우리에겐 언제나 느티나무이셨습니다.
당신은 말없는 희생과 헌신으로
빛나는 오늘을 만드셨습니다.

당신은 존재 자체만으로 힘이 되고
나에게 든든한 울타리로
평생을 황실침구 발전에 혼을 바쳐
만인이 우러르는 집안의 황제가 되셨습니다.
우리에게 그 많은 사랑을 주시면서도
정작 당신은 근검 절약의 왕이셨습니다.
필생 사업 반석 위에 올려놓으시고
자신은 꾸미지 않아도 스스로 명품이 되신 아버지
존경합니다. 사랑합니다.

대흥동 토박이

내가 태어난 고향은 바로 대전
그 중에서도 대전의 명동인
대흥동 토박이
집 마당엔 노오란 은행잎이 매달리고
온 동네 아이들 놀이터였던 우리 집
그 나무에 매달려 타잔처럼 내가 자랐다.

가을이 되면 은행알이 쏟아져
냄새나는지 모르고 쓸어 담았고
강아지 새끼들 졸졸졸 함께 뒹굴던 정든 내 고향
도시라지만 할머니께선
밤에 연탄불을 갈러 다니셨고
이웃 집 사돈네와 격의없이 살았었다.

대흥동은 나의 자부심
내 아이 남 아이 따지지 않고
정다운 동네가 바로 인성교육의 산실
아들 욕심 많은 우리 외할머니
남동생에게 맛있는 것 챙겨 주시던
내 꿈 곱게 자란 그 대흥동이 더없이 좋다.

나침반

나 무엇으로 사는가
내 삶의 중심엔 나침반처럼
늘 거룩한 말씀이 존재한다.
말씀은 곧
내 발의 등불이요
내 길의 빛이기 때문이다.
세상의 어떤 책 보다
영화 속 즐거운 스토리보다
내 인생 지혜의 지침서이기 때문이다.

비록 지금은 완전하지 못해도
나를 지탱해 주는 인생의 거울이요
멋지게 만드는 말씀으로 살고 싶다.
세속적인 욕심보다
영적인 욕심 더 높이 사며
내 인생 마지막 가장 멋진 사람 되고 싶다.

이외수 문학관을 찾던 날

작년 여름
모처럼 어머니를 모시고
단둘이 여행을 떠났다.
생각지도 못했던 기인 작가
이외수 문학관을 찾아갔던 것이다.
좀처럼 만나기도 어렵고
대화는 더더욱 어렵다는데
어머니의 철저한 사전 전화 덕에
우린 이외수 작가와의 만남을 횡재로 얻었다.

가장 감동스러웠던 건
어머니께서 이외수 작가를 보고
눈물을 흘리시며 기뻐하는 모습이었다.
평소 글을 쓰고자 했던 염원이
한꺼번에 눈물로 폭발하신 것 같다.
정말 기쁨과 감동의 순간이었고
직접 쓴 책에 싸인을 받으며
행복까지 덤으로 선물받을 수 있었다.

아무도 몰래 깜짝 이벤트로
강원도 화천까지 갔던 여행길을
우린 무덤까지 가지고 가야 한다.
생업에 바쁜 아버지께 여행은 사치였다.
그래서 거짓 모임을 지칭해
어머니와 몰래 데이트를 즐긴 것이다.
그토록 좋아했던 내 어머니 모습을
난 여지껏 본 적이 없었다.

첫야유회

역사적인 2010년 칠월 마지막 주말
무주 구천동에서 가진
우리 가족의 첫 야유회
최고 가족 상징인 엄지손가락을
손수 그려 넣으셨다는 어머니의
노란 타올을 목에 두른 로얄 패밀리
저녁 노을 으스름 할 무렵 시작된
바비큐 파티와 보물찾기 준비로
한달 전부터 행복하셨다는 우리 어머니

숨겨놓은 보물 쪽지마다 톡톡 튀는
기발한 사랑의 메시지와 아이디어가 담겨
가족 모두를 희망과 사랑으로 묶으셨다.
부모는 누구나 조건없이 사랑을 내주시는가
한없이 부족한 세대차를 뛰어넘어
가족 모두를 끈끈이 포옹해 주시는 부모님
1박 2일의 아름다운 추억 가슴에 담고
과정과정 도를 닦는 마음으로
합일을 이루어가는 아름다운 로얄 패밀리

내 마음 속 평화의 집

내 마음 보이지 않은 깊숙한 곳에
사랑의 집 한 채 짓고 싶다.
아무도 허물지 못한 내 마음 속 평화의 집
나 그런 집 한 채 짓고 싶다.
가족이 함께라면 얼마나 좋을까
혼자서는 갈 수 없는 고난의 길
행복한 웃음 행복의 대화 함께 나누며
나 그곳에 사랑의 집 한 채 세우고 싶다.

좋은 것 가족과 함께하고
사랑의 대화 가족과 함께 나누고
행복 나눔 가족과 함께라면
나 덩실덩실 춤이라도 추고 싶다.
이런 날을 얼마나 소망해 왔던가.
요양병원 우리 할머닌 얼마나 외로우실까
영적 육적으로 사랑이 고픈 이웃들에게
사랑 향기 몽땅 나누어 드리고 싶다.

나를 살맛나게 하는 것

내가 할 수 있는 거라곤
숨쉬기 운동 뿐이었는데
예상치도 않았던 내게
당혹히 찾아온 허리고통 증세
하늘이 무너져내린 것 같은 형벌이
어느 날 내게 주어졌다.
아이들 챙기랴 집안 살림에
나를 돌아볼 겨를조차 없었던 나
운동을 사치라 여기며
동동거렸던 내가
건강을 잃고서야
오롯이 운동과 올인할 수 있게 됐다.

내 몸이 건강하고
내 마음이 건강해야
내 영혼도 건강하고
만사가 형통하리라는 말씀처럼
소중한 내 몸
내 가족을 위해서라도
누굴 위해 종을 울리지 않고
바로 나를 위해 종을 울려야겠다.

홍천 가던 날

그해 겨울 유난히 눈이 많이 왔던 날.
난생 처음 가본 강원도 홍천
꼬불꼬불 시골길 왜 그리도 멀던지
돌아오던 길 내내 말 한 마디 없었다.
날 좋아한다는 그이 찾아
철없이 찾아나섰던 시골집
왠지모르게 너무 낯설어
눈시울마저 뜨거웠었다.
날 쫓아다니며 결혼하자던 그 사람
집에 돌아와 차를 마시며 생각해봐도
그이와 함께 할 자신이 내겐 없었다.

고모는 사촌언니 결혼 대상자를
집근처까지 가서 알아보고
맘 편히 결혼 시켰다는데
그럴 여유조차 없으신 우리 부모님
사람 됨됨이 하나만 잘 보고
결정 하라시던 엄마 아빠
속마음 잘 꿰뚫어보셨던 그 혜안 지금도 감사하다.

인생수업장

아주 고풍 서린
경기도 양평 용문사 근처
오래된 은행나무가 팔벌리고
작은 절 품고 있는 그림 같은 엔토펜션

한없이 어렵기만 한
시 외갓댁 가족들과
어우렁 더우렁
함께 보낸 1박 2일

각본도 없이 삼대가 한 자리에 모여
사랑과 배려로 익어간 여정
풍성한 먹거리가 정을 돋우고
멘토 멘티가 모인 감동적 인생수업장

이런 아름다운 문화로 물든 시댁
온실 속 화초로 자란
내 친정 아우들에게
그 모습 모두 보여주고 싶다.

성묘 길 소풍 길

추석날은 언제나 가족 소풍 날
성묘 음식을 소풍가는 때처럼
신나게 차리셨던 어머니
우리가 좋아하는 김밥에 돗자리에
풍성한 과일과 식혜까지
성묘가는 날은 가족의 소풍날이었다.

독신이셨던 아버지께서
세 자녀 앞세워 성묘 가실 적이면
다른 때보다 어깨가 높아보였고,
매장에서 팔던 카페트도
유난히 좋은 것으로 선물하시고
우리들 추석빔도 최고품으로 입혀주셨다.

구불구불 시골길 따라가며
소풍가듯 신바람 나던 추석 성묘길
결혼 후엔 추석 선물로 첫아이가 태어나
추석은 이제 강원도 홍천까지 가야하는
1박 2일의 즐거운 여행길이 되었다.

평화의 초석

연세가 높아가도
품위 넘치는 자태와 언행
내 엄마이기 이전에
인생의 스승이다.
좋은 건 언제나 벤치마킹 하시고
궂은 건 본받지 말라시며
조용히 타이르시는 나의 선생님
그 어느 것 하나도 엄마에게선
배울점이고 감사함이다.

삶의 어려운 난관 앞에서도
원망과 불평보다는 모두
내탓이오로 돌리시며
이 또한 지나가리니로
느긋하게 평화를 기다리신
지혜로우신 나의 엄마
가정경영도 철저한 안배와
반짝이는 지혜로움으로
배우자 역량까지도 격상시키는

현대판 평강공주이다.
내 친정 엄마야말로 평화의 사자
한 집안의 멋진 초석이시다.

가을여행

어릴 적 부모님 따라 가던 성묘길
온통 주위가 황금물결로 일렁였다.
바삐바삐 움직이는 농부들의 부지런한 손놀림
기쁨으로 가득찬 잔뜩 그을린 얼굴들
그렇게 힘든 일을 하면서도
웃음띤 그 얼굴은 온통 행복으로 보였다.

그러나 결혼을 하고 내겐 서툰 살림살이에
내 삶을 온통 우울하게 만들었다.
첫 아이 휘수를 출산하기 전까지 내 마음은
참기 어려운 괴로움의 연속이었다.
남편은 실험실에서 날밤 새우기 일쑤였고
박사과정 공부로 집엔 관심이 없어보였다.

학생 신분이었다가 남편 박사학위 받을 시기에
큰 아이 휘수가 태어났으니 그것도
아주 아주 힘든 난산으로
우리 아이가 생명에 지장이 있을 수도 있다는
청천벽력 같던 의사의 말씀에 남편과 엄마는

엉엉 울기만 했던 그 때의 슬픈 가을 날
진정 삶의 행복이 무언지조차도 몰랐다.

그러나 내 마음을 달래주려고
백암온천으로 떠난 가을 여행
나의 상실감과 우울을 아주 말끔히
씻어내 준 사랑하는 가족과의
오붓한 가을 여행은 정말 잊을 수가 없다.

내가 시를 쓰는 이유

우연히 엄마를 따라 찾았던 인문학 강의 '연암 박지원을 읽고 지금 조선의 시를 쓰라' 는 특강을 접하고 나서 뜻하지 않은 시창작 교실에서 김숙자 선생님을 만났습니다. 너무도 열정적이고 감성적이셨던 선생님의 시 창작 수업에서 '발상학습지'에 매료되어 시의 근간을 알게되었습니다.

실로 중년의 나이에 신선한 시와의 만남은 나에게 가슴설레는 일이었습니다. 꿈많은 사춘기 딸들의 뒷바라지만으로도 바쁠 내가 온전히 시 수업에 퐁당 빠져버렸던 것은 한편의 시를 이끌어내기 위한 시 발상 학습지에서 하나 둘 완성되어가는 시의 조각이 마치 마술의 퍼즐조각처럼 시의 집을 짓기 시작했습니다. 나는 이 시 창작수업으로 인해 나의 마음에 평화의 집을 짓게 되었고, 사람을 진솔하게 사랑하는 방법을 터득해 가고 있습니다. 정말 시와 연애를 하듯이 시 창작에 폭 빠져 헤어나오지 못하고 '시 사랑 마중을 나가는 마중녀'가 되어버렸습니다. 너무 부끄러운 시가 된 것 같아 많이 조바심이 나지만 앞으로 시인의 길을 가려면 지금의 회초리쯤은 피해 갈 생각 없습니다. 시간이 지날수록 더욱 감칠맛 나고 살맛나는 시를 써서 이 세상을 살아가는 모든이들에게 행복과 평화를 나누어 주고 싶습니다.

순수와 진솔함의 정서적 융합

– 시와 열애에 빠져있는 '시사랑 마중녀들'의 시 세계 –

지도교수 김 숙 자

1. 인문학 열풍으로 '시와 열애에 빠지다.'

어느 늦은 봄 날 세이 문화센터에서 드디어 인문학의 열풍이 불기 시작했다. 그 곳에 근무하는 김은영차장님의 제의를 받고 인문학 강의를 수락하게 되었다. 그 이유는 교육자로서 오랜 교육기간 내내 인문학을 접했던 사람이고, 대학원의 박사과정에서까지 인문학에 심취하여 몸소 공부를 했던 때문이었다. 교육기관에서만 인문학이 주류를 이룰게 아니라 평생학습 기관인 문화센터에서도 인문학의 바람이 불어 어느 누구라도 인문학을 공부할 수 있는 학습의 장이 필요하다는 생각을 했기 때문이다. 그래서 세이문화센터에서 인문학의 첫 시작을 알리는 '특강'에 고전문학으로 '연암 박지원을 읽고 조선의 시를 쓰라'

는 주제로 특강을 하던 날 특히 감동을 받았던 세 분이 인문학에 몰입을 하게 되었다. 그래서 지금까지 시 창작반에서 수강을 하던 중 그만 시 마중녀 신경자, 신정애, 박선영이 '시와 열애에 빠지게 되었다.' 비록 시를 접하기엔 턱없이 짧은 시간이었을지는 몰라도 수업자들의 열의와 시 창작에 임하는 그들의 태도가 나로하여금 더욱 열정적 수업을 아니할 수 없을 지경에 이르게 하였다. 이에 뒤질세라 그들 역시 시에 매료되어 일주일에 시 수업날만을 기다리고 있다는 사실을 발견할 수 있었다. 수업시간은 비록 한 시간의 수업을 해야함에도 두 시간 이상씩을 수업에 임하며, 그들과 시에 완전히 매료되고 말았다. 예상보다 진전이 빠르다고 생각한 점은 바로 시를 끌어올릴 수 있는 근간이 되었던 '시 발상 학습지'에 그 비밀이 담겨 있었다. 그들은 성실하게 그 과정에 임했고, 온전히 시 사랑에 빠져 시 작품 창작에 몰입을 하게 된 결과 5개월 남짓 가까워 온 이 시점에서 개인들이 창작한 알토란 같은 시 작품이 20편씩을 넘어 드디어 공동 시집을 발간하기에 이르렀다.

작품의 질을 논하기에는 다소 미흡함도 많지만 처음으로 인문학에 도전하여 시 창작 강의를 받으며 산출된 그 귀한 시들이야말로 금지 옥엽같은 글로 결코 이대로 사장되어서는 안 된다는 생각을 하게 되었다. 그래서 용기를 내어 세상에 얼굴을 들이밀고 탄생의 시점을 맞게 되었다. 시와 열애에 빠진 '시 사랑 마중녀들'의 앞날에 건투를 빌며 그들의 시 속에 함께 빠져 보기 바란다.

2. 진실한 삶이 묻어나는 작품세계

1) <마중녀 1> 신경자 그는 누구인가?

현모양처로 신사임당을 꿈꾸는 그가 시인의 길에 도전을 받다.

예비 시인 신경자는 결혼을 한 후 줄곧 대전을 벗어나지 않고 대전토박이로 살아가고 있다. 그의 슬하에는 1녀 2남의 자녀들이 있고, 대전 중앙로에서 '황실 침구'를 운영하며 그 사업체를 반듯하게 반석에 올려놓으며 실로 요즈음 보기드문 재능을 겸비한 현모양처이다. 그 뿐만 아니라 사업의 바쁜 와중에서도 삼남매 자녀들을 올바로 교육시켜 그들의 사회적 지위도 실로 대단하다. 맏 아들은 공직에 근무하였지만 부모님께서 경영하는 사업체를 인수받아야 함으로 공직에서 사퇴를 하고, 이미 황실침구 경영 수업에 들어갔고, 둘째 아들은 사법고시에 패스하여 당당히 현직에서 판사로 근무를 하고 있으며, 큰 딸은 학교 졸업 후 카이스트를 나온 신랑감을 만나 지금은 모 회사의 중역으로 근무하며 슬하에 딸 둘을 기르며 단란한 가정을 꾸미고 있는 요즈음 보기드문 로얄 패밀리를 꾸려가고 있다.

그리고 신경자 예비시인은 박씨 가문을 위한 '내훈' 작업을 위한 열띤 구상 중에 있다. 그는 일찍이 신사임당의 영향을 받아 비록 본인이 성장하는 시기에는 시대적 배경이 암울하여 공부에 큰 뜻을 이루지 못했지만 자식들을 반듯하게 반석위에 올려놓은 요즈음 보기드문 훌륭한 어머니중의 어머니이다. 결혼 이후 작은 사업체를 금전 빌딩으로까지 번창시켜 놓은 그 저력과 원동력은 아마도 신경자 님의 숨은 내공이 주류를 이루었을 걸로 짐작된다. 이뿐만이 아니다. 시인으로의 길로 들어서려는 준비도 만만치 않다. 이것만 보아도 알 수 있었다. 수 십년간 삶에서 일어나는 주요 사실과 감회를 시 수첩에 빼곡히 기록해 놓은 것만 보아도 익히 알 수 있다. 아마도 깨알같이 메모해 둔 수첩이 족히 열 개는 넘는 듯 했으며, 손님이 없는 한산한 시간엔 독서와 시 창작 메모를 빠트리지 않고 수첩 가득 마음의 정서를 쏟아놓고 있다. 그 내용을 하나하나 읽어가면서 그 분의 마음 속과 살아가는 지혜를 엿볼 수 있었으며, 사업번창은 물론 가정도 '로얄 패밀리'를 만들기 위해 벌써 다섯 번째의 가족 야유회를 개최하고 있다. 그 모임도 모임이지만 그 모임을 진행하고 있는 내용이 매우 알차고 창의로웠다. 앞으로 신경자 예비 시인은 머지않아 시인의 반열에 반드시 오를 수 있는 재원이라 여겨진다. 신경자 시인은 그 열정이 이쯤에서 끝나지 않았다. 사업체를 이끌어가면서 어느 틈엔지 이외수 작가를 만나러 당당히 강원도까지 향하였고, 그를 만나본 그녀는 감격의 눈물을 흘렸다고 한다. 과연 그 눈물 뒤에 숨어있는 의미는 무엇이겠는가? 이외수 문학관도 이모저모 다 훑어보며 더욱 창작의 꿈을 다지고 있는 탄탄한 시인 탄생을 예고 하고 있는 존경할 수밖에 없는 시 사랑 마중녀이다.

작품 속에서 빛나는 그의 혼을 만나보자.

내 어머니 뵙고 오는 날
갈마동 고갯길 넘어오며
어머님의 삶도 이 고갯길 같았으리.
생이 버거워 숨이 헉헉거릴 때
누가 어머니를 부축했더라면

지금 이토록 부서지지 않았을 걸
왜 여태 그 생각 못 했을까
알고도 뻔뻔하게 방치한 자식들
당신 앞에 모두 죄인입니다.

이제라도 죄를 토하듯 말 하리까
감히 상처받은 어머니의 삶을
아지랑이 피어오른 둑가에서
싱건이 뜯어먹으며 엄마를 기다렸던
철없던 그 때 그리워라.
이제라도 엄마께 투정부려 볼까
어머니 뒤늦은 용서를 구합니다.

부족한 당신 자식들
풍족한 삶 꾸리게 하시려고
당신은 이렇게 스러지는 삶을 사셨습니다.
내 가슴의 눈물 이제 어디다 뿌릴까요
사랑합니다.
감사합니다.
건강하게 오래오래 사세요. 어머니
내 어머니는 정말 훌륭하게 사셨습니다.
어머니 감사합니다.

— 신경자 「어머니」 전문

위는 신경자 예비 시인의 첫 작품이다. 이 세상의 어머니들은 모두 자식들의 가슴엔 못처럼 아프게 박혀 있다. 더구나 우리 시대에도 고생을 안 했던 어머니는 안 계시겠지만 지금 구순을 넘기며 살고 계신 그 어머니에게 어찌 아픔이 없었겠는가? 그러나 필자도 어머니가 되어보고, 또 손주가 태어나 할머니도 되어보니 어렸을 적 나를 키워주시던 그 어머니는 정말 눈물 마를 날이 없으셨을 것이다. 신경자 시인이 살아온 인생길도 정말 쉽게 그냥 건너온 강이 아니었듯이 이제 이쯤에서 생각해보는 어머니는 참으로 눈물겹고 아프기만 하다. 가족제도가 아들만 부모를 봉양해야 했던 그 구조가 아직도 사회의 난맥상을 이어가고 있는 듯하기 때문이다. 딸 자식이라도 부모를 모실 여건과 시간만 되면 과감히 마지막 효를 다해야 마땅하다. 어머니를 뵙고 아픈 눈물을 뿌리며 돌아온 딸의 절절한 사모곡을 보는 듯하다. 정말 신 시인의 따뜻한 인간애. 모성애가 담긴 글을 오랜만에 만나 가슴 따뜻하다.

나의 가슴 한 켠에 간절히 이루고 싶은
소망나무 하나가 곧게 크고 있다.
내 가문 박씨 후손들에게
올바르게 살아가라는 작은 지침 하나
어려서부터 유난히 닮고 싶었던 한 사람
누구보다 글과 그림을 좋아하고
자녀교육에 탁월했던 현모양처
내가 흠모했던 그 이름 신사임당

소현왕후가 쓴 궁의 내훈
이황 선생의 언행록을 보며
내 자손 대대 손손 그걸 본받으며 바르게 산다면
그 어떤 수확이 이보다 더 크랴.
높은 빌딩 대기업은 물려 줄 수 없어도
낮지만 사랑 가득 찬 금전빌딩 내 황실침구
난 이곳에서 날마다 행복한 꿈을 꾼다.
벗꽃 온 사방에 뒤덮여 너울 너울 춤추는 이 행복 마당
난 이곳에서 또 하나 작은 꿈을 꾸고 있다.
결코 돈으로 살 수 없는 행복을 나누며

실습과 자격을 겸비한 고급 인력 배출의 집
사랑 가득찬 현장실습장이고 싶다.

— 신경자 「내 훈」 전문

이 시는 신경자 씨가 앞으로 이루어가야 할 꿈이 담긴 작품이기도 하다. 아무리 신사임당을 꿈꾸어 온 사람이라 할지라도 현실에서 많은 괴리가 뒤따르므로 그 꿈을 이루기가 매우 어려울 것이다. 그런데 신경자 시인은 야무지게도 박씨 가문을 위해 내훈을 만들고 싶은 깊은 의지가 엿보인다.

'나의 가슴 한 켠엔 간절히 이루고 싶은/ 소망 나무 하나가 곧게 크고 있다./ 올바르게 살아가라는 작은 지침 하나'에서 보듯이 신경자 시인의 마음에는 박씨 가문에게 물려줄 '내훈'을 아주 간절히 필요로 하고 있는 것이다. 아마도 이 소망 나무는 곧게 자라 가지를 뻗고, 분명 아름다운 열매를 맺을 내훈을 매달을 게 분명하다. 그리고 소현왕후가 쓴 궁의 내훈과 퇴계 이황 선생님의 언행록을 앞에 놓고 그 기반을 잘 다져가고 있지 않은가? 아마도 머지않은 날 훌륭한 내훈이 만들어져 빛을 볼 날을 기원해 본다. 그리고 신경자 시인은 또다른 작은 꿈 하나가 더 내재하고 있다.

'난 이곳에서 또 하나 작은 꿈을 꾸고 있다./ 결코 돈으로 살 수 없는 행복을 나누며/ 실습과 자격을 겸비한 고급 인력 배출의 집/ 사랑 가득찬 현장 실습장이고 싶다.'라는 마지막 연에서 또 하나의 작은 꿈을 꾸고 있는 것이다. 지금 경영하고 있는 황실침구에서 실습생과 자격증을 따고 싶어하는 학생을 가르치는 사랑 가득찬 실습교육을 겸한 사업장을 꿈꾸고 있다. 이 꿈 역시 반드시 이루어지리라고 본다. 아무리 기계화 정보화 시대라 하더라도 손수 재봉틀 앞에 앉아 여러 가지 침구들을 직접 만들고 배우며 자격증까지 따서 인재를 배출하고 싶은 야망이 도사리고 있다. 이 꿈 또한 분명히 이루어지리라 믿는다.

나 이 세상 무엇으로 살았던가
이제와 곰곰이 생각해 보니
나의 가족과 정신력이 모두였다.
내가 스러지지 않았기에
오늘이 있었으며
내 정신력과 의지력이 재산이었다.

친정 어머니의 참을 인자 가르침
그게 없었더라면
사랑하는 가족과 이별도 여러 번 있었으리라.
정신적 지주이신 내 어머니
그 분의 말씀은 나의 가시밭길이었고
또 희망의 등불이었다.

견디기 힘들었던 모진 세월들
나 이젠 글로 말할 수 있다.
지금은 어느 누구보다 행복하다고
구십이 넘으신 내 어머니
생의 마지막 정신적 지주이신 당신
그 사랑 그리움 원망은 나의 글밭의 보석들이다.

— 신경자 「내 글밭의 보석들」의 전문

이처럼 신경자 시인의 시 소재는 너무도 다양하다. 이 모든 소재와 글밭에서 일군 글들이 모두 어머니의 뼈아픈 가르침에서 기인되었음을 한눈에 알 수 있다.

'친정 어머니의 참을 인자 가르침/ 그게 없었더라면/ 사랑하는 가족들과 이별도 여러 번 있었으리라' 여기에서만 보더라도 신경자 시인이 걸어온 가시밭길의 역경은 다 어머니의 참을 인자 덕분이었음을 짐작케 한다. 그리고 어머니의 그 사랑, 그리움 원망 등이 모두 신 시인의 글밭에 다양한 글의 소재가 된 보석임을 밝히고 있다. 이런 삶과 정신적 훈련을 통해 바로 신시인이 길러진 것이다. 바로 이 시에서 신경자 시인이 시인으로서의 탄생을 예고하는 대목이다. 어머니의 참을 인자와 어머니를 통한 사랑, 그리움, 원망 등이 다 신경자 시인의 글밭에 반짝거리는 보석임을 의심치 않게 한다.

2) <마중녀 2> 신정애 그는 누구인가?

'학창시절 국어선생님을 유난히 흠모했던 감성의 소유자'

학창시절 시가 좋아 괜시리 국어 선생님을 흠모한 적도 있었던 신정애 예비시인은 옥천이 낳은 천부적인 시인의 소질을 타고 난 사람인 것 같다. 옥천은 자연과 산천이 아름다워서인지 일찌기 정지용 시인도 그 곳 옥천에서 태어나지 않았던가? 그의 시 '향수'야 말로 모르는 이가 없을 것이다. 그리고 육영수여사의 생가도 바로 옥천에 있다. 이것만 보더라도 옥천은 대전에서도 별로 멀지 않으며 산수가 아름다워 유명인이 많이 배출되는 곳이기도 하다. 신정애 예비 시인도 예사롭지 않다. 그의 슬하에는 남매를 두었고, 학창시절 누가 이끌어주기만 하였다면 바로 시인의 길로 들어섰을 것같은 분이다. 얼굴만 보아도 온화한 품성에 예쁜 웃음까지 함유하고 있어 여자가 보아도 매우 아름답다. 그는 학창시절 노래와 시가 너무 좋아 행복한 학창시절을 보냈으리라 본다. 여자의 일생은 결혼하여 자녀를 낳고 뒷바라지하며 그 속에서 행복을 꿈꾸는 일이 다반사였으니 두 자녀를 훌륭하게 공부시켜 다 각기 전문인의 길을 걷게 하지 않았던가? 이게 바로 모성의 훌륭한 과업인 것이다. 신정애 시인도 학창시절 시인으로의 꿈이 있었기에 이번 시 창작 수업이 자신의 입맛을 돋우지 않았을까 싶다. 학창시절 국어선생님을 유난히 좋아했던 필자도 시인으로서의 길을 지금 걷고 있지 않은가? 아무튼 이번에 시작한 인문학 공부 시창작 학습으로 인해 시인의 꿈까지 정진했으면 하는 바램이다.

신정애 시인의 시를 들여다보면 그분의 인품이 묻어 나오고 시적 자아가 반짝거림을 느끼게 한다.

꿈많던 학창 시절
노랫말이 너무 좋아
내 마음 속에서 늘 흥얼거렸던 노래
학교에서 자주 들려주던 동심초가
사춘기 소녀의 마음을
흔들어 놓았다
동심초는 현실의 꽃이 아니라는데
선생님이 내게 지어주신
아름다운 시로 내 가슴에 피었다.

당나라 명기 설도의 시가
김소월 시인을 만나

사랑하는 마음이 상상의 꽃으로 피었다.
세월이 흘러도 이렇게 피어나
옛추억을 떠올린다.
내 마음 속에 영원히 피어날 동심초

— 신정애의 「동심초」 전문

이처럼 신정애 예비 시인은 꿈많던 소녀 시절부터 시인이 되고 싶은 시인의 꿈이 자라고 있었던 것 같다. 이처럼 희망만 버리지 않는다면 꿈이란 언제든지 우리가 이룰 수 있는 것이다. 시인인 필자도 중학교 때 국어선생님께서 김영랑의 시를 낭송하실 때 너무도 반하여 시에 눈이 뜨인 것 같았다. 신정애 시인도 나와 못지않은 것 같다. 학창시절엔 왜 그렇게 국어 선생님들이 학생들의 마음을 설레게 하였는지 지금 생각해도 모를 일이다. 아마도 그 땐 나뭇잎 하나만 굴러도 시를 읊조리게 되고 빗방울만 바라봐도 노래가 절로 묻어나오는 센티멘탈한 정서적 시기가 바로 학창시절이 아닌가 싶다. 그러다가 결혼을 하고 아이들 키우고 살림에 매달리다 보니 그 센티한 감정은 다 메말라 온데간데 없고, 생활인 아줌마의 근성만 팽배해 있지 않았던가? 그러나 그 꿈이 지금껏 죽지 않았기에 시 창작의 기회가 신정애 시인에게도 찾아 온 것이다. 지금 시대는 모든 소질과 잠재능력을 다 계발 시킬 수 있는 좋은 문화의 시대임으로 지금까지의 잠재되어 있는 시 창작의 꿈을 절대 꺾지 말기 바란다.

'꿈 많던 학창시절/ 노랫말이 너무 좋아/ 내 마음 속에서 늘

홍얼거렸던 노래' 여기에서만 보더라도 학창시절엔 노래와 시를 무척이나 좋아하고 읊조렸던 것 같다. 왜 하필 다른 과목 선생님은 안 떠오르고 비단 국어 선생님만 멋지게 보이는 것일까? 그건 두 말할 것도 없이 국어선생님들의 구수한 입담과 시가 우리의 마음을 훔쳐가지 않았을까 하는 마음이 든다. 어찌 우리만 좋아했으랴. 모르긴 몰라도 학창시절엔 여학생들 거의 모두가 국어선생님들을 짝사랑까지 하지 않았을까 싶기도 하다. 다른 선생님들보다 언어 사용이 다르고 표현력 감성이 조금씩 남달랐기 때문이리라. 바로 시인들도 모두 언어를 잘 사용하는 마술사이므로 시 하나로 사람을 옴짝 달싹 못하게 하는 시도 있지 않던가? 누가 내게 멋진 시 한 수 지어 가슴을 잡아당긴다면 그 시에 어찌 매료 되지 않을 수 있으랴. 신정애 시인의 동심초 시도 바로 그런 맥락이리라.

'동심초는 현실의 꽃이 아니라는데/ 선생님이 내게 지어주신 / 아름다운 시로 내 가슴에 피었다.' 이 연만 보더라도 학창시절의 추억은 영원히 빛이 바래지 않는다. 아무리 많은 시간이 흘러도 추억은 영원하리라는 진리 앞에 신정애 시인의 가슴에 영원히 피어나는 동심초가 되길 기원한다.

산과 들에 나가보면
청초하고 단아한 너를 만나
내 마음 평정심으로 돌아간다.
종갓집에서 육년 만에 태어난 나
할머니의 사랑을 각별히도 받았다.
아랫배가 아플 적마다 다려주셨던 패랭이꽃

그는 나의 원동력이요
생의 활력소이자 희망이었다.
우울할 적이면 난 그 앞에서 위안을 받는다.
거센 바람 속에서도 꿋꿋이 참고
인내로 버티어 온 끈질긴 생명력
그 강인함으로 지금 내가 살고 있다.

— 신정애의 「패랭이꽃」 전문

이 패랭이꽃 시에서도 신정애 시인의 따뜻한 인간애를 담은 정신력을 만날 수가 있다.

'산과 들에 나가보면/ 청초하고 단아한 너를 만나/ 내 마음 평정심으로 돌아간다.'라는 표현만 보아도 청초한 패랭이꽃 앞에서 얼마나 내 마음이 많은 위안을 받고 그 청초함에 내 마음을 뺏기고 있다는 사실을 숨길 수기 없는 것이다. 그러기에 그 패랭이꽃은 신정애 시인에게 사랑이자 위안을 받는 꽃이기도 하다.

'거센 비바람 속에서도 꿋꿋이 참고/ 인내로 버티어 온 끈질긴 생명력/ 그 강인함으로 지금 내가 살고 있다.' 이처럼 신 시인은 생활 속에 크고 작은 시련이나 비바람 앞에서도 패랭이꽃만 생각하면 큰 위로가 되고, 생활 속에서 우러나오는 온갖 시련과 난관도 인내로 버티고 끈질긴 생명력으로 우리 앞에 버티고 있는 패랭이 꽃 앞에서 그 강인함을 본받아 씩씩하게 생을 살아갈 수 있는 생명력을 얻고 있는 것이다. 앞으로 신정애 시인을 바라볼 때나 부를 때면 패랭이 꽃이라는 애칭이 불려질 것만 같다.

세상에서 가장 귀한 보물이 무얼까
두말 할 것도 없이 내 생명이다.
평범한 일상 속에서 잊고 살다가
청천 병력 같은 진단 앞에 말을 잃었다.
세상을 다 준대도
나를 살 수 있을까

이 세상의 어떤 부귀영화도
나 없으면 부질없는 것
생에 이보다 존귀한 게 무얼까
내 생명이 없다면
영혼의 윤회야 있을지 몰라도
세상 그 어떤 것도 생명보다 귀할 순 없으리라.

— 신정애의 「생명 앞에서」 전문

이 세상 누구에게나 가장 존귀한 게 뭐냐고 묻는다면 갖가지 답이 난무할 것이다. 어떤 사람은 돈이라고도 할 수 있고, 어떤 사람은 남편이라 할 수도 있고, 어떤 사람은 행복이라 할 수도 있다. 모두가 처해있는 환경과 여건에 따라 얼마든지 다를 수가 있는 것이다. 그러나 신정애 시인은 당당하게 생명이라고 으름장을 놓는다. 나도 정신이 화들짝하고 번쩍 드는 느낌을 숨길 수가 없다. 뭐니뭐니해도 이 세상에 가장 존귀한 게 뭐냐고 묻는다면 그야말로 두 번도 없는 내 생명이다. 이처럼 생명같이 귀하고 존엄한 게 없는데 사람들은 대부분 그걸 모르고 살아가기도 한다. 자기 앞에 놓인 일을 해쳐나가다 보면 막상 내 생명의 존귀함은 잠시 잊고 사는 것 같다. 인간들은 왜 이렇게 나약하고 간사할까? 어떨 땐 한없이 너그럽고 관대하다가도 어떤 이권 앞에서는 너무도 이기적인 현실에 모두 발목이

묶이고 만다. 그러나 신정애 시인은 가장 현명한 생명을 다시 찾은 것 같다. 생명처럼 존귀한 게 어디 있으며 내 생명 없이는 단 아무것도 존재하지 않는다는 사실을 터득한 사람인 것 같다. 건강 앞에서 다시금 내 생명의 존귀를 느껴보는 신정애 시인이야말로 이 세상을 이제 가장 아름답고 멋지게 살 것 같다. 나를 사랑하면서 생명의 귀중함을 얻었으니 앞으로는 뿌듯한 행복만이 기다리고 있을 것 같다. 사람이란 어떤 고비길에서 큰 스승을 만나는 것이다. 신정애 시인도 청천벽력 같은 병명 앞에서 다시금 나를 돌아보며 생명의 존귀함을 새롭게 느끼고 하루하루를 더 값지게 살 것이다.

'세상을 다 준다해도/ 나를 살 수 있을까?/ 이 세상의 어떤 부귀 영화도 /나 없으면 부질 없는 것.' 이처럼 신정애 시인은 이 세상 그 어떤 것도 내 존재 가치만큼 내 생명만큼 귀한 것은 없다고 역설하며 나머지 생을 더 귀중히 더 보람있게 여기며 더 아름다운 생을 꾸려나갈 것이 분명하다. 신 시인의 앞날에 무한한 행복과 건강이 함께하길 빌어마지 않는다.

3) <시 마중녀 3> 박선영 그는 누구인가 ?

'어머니의 문학적 발판이자 산소같이 신선한 여자'

박선영 예비시인은 신경자 시인의 맏딸이다. 어머니의 문학 열기에 못 이겨 인문학 공부에 등록을 해 주려고 왔다가 김숙자 시인의 특강에 매료되어 그만 발목을 잡힌 사람이다. 그런데 발목을 빠뜨렸어도 언제든 본인이 싫으면 발을 빼게 마련인데 언제나 그는 엄마와 동석을 한 것이다. 처음엔 정말 박선영 시인이 오래 인문학 공부를 할 수 있을까? 엄마와 한 교실에서 그토록 오래 공부할 것이라고 상상도 못했다. 그러나 그게 아니었다. 박선영 시인은 어머니를 보필하고 오면서도 온갖 차며 맛있는 간식까지 챙겨오는 깜찍스러운 신경자 시인의 딸이며 타고난 문학도이다. 시 창작 시간만 되면 더욱 초롱초롱 해지는 그를 바라보며 난 피식 웃기도 하고, 열공을 하고 계신 엄마 옆 자리를 지키며 자신도 문학의 씨를 튀워가고 있는 것이다. 날이 가고 몇 개월의 시간이 흘러갔지만 시 창작의 매력을 상실하기는커녕 맑은 샘에서 깨끗한 물이 흘러나오듯이 해맑은 시가 흘러나왔다. 학부공부를 다 마치고서는 직장 일을 열심히 하다가 지금의 근사한 남편을 만난 것이다. 그의 시에서도 발견된 사실이지만 남편은 모 기업 임원으로서 일이면 일, 전문성이라하면 전문성, 학벌 하나까지도 남에게 빠질 수 없는 중견 임원을 지내고 있다. 그럼에도 불구하고 박선영 시인은 남편의 뒷모습을 바라보며 마치 전쟁터에 나가는 비장한 장수와 같다고 표현한다. 그의 일거수일투족을 보지 않았어도 그 분이 어떤 사람인지를 알 것만 같다. 그렇다면 박선영 예비 시인의 글을 만나보기로 하자.

대전 대흥동 토박이인 내가
어려서 이모 집을 다녀오며
길을 잃어버렸던 길치인 나를
부족한 면 대신 갖추고 채워준 그 사람
가족들과 시간을 갖지 못하고

한 가지 일에도 깊은 몰입을 하며
항시 만성 피곤에 젖어 있는 그이
뒷모습이 측은해짐은 웬일일까

가방을 메고 나가는 그이
뒷모습을 볼 때면
마치 전쟁터에 나가는
비장한 장수 같다.
총칼 없는 전쟁터에
혼자 보내며
꼭 살아 돌아오라며
매일 아침 미안함을 통감한다.
난 다시 태어나도
신뢰와 위트가 있는
초긍정인 아담한 그이와
내 인생 다시 동행하리라.

— 박선영의 「내 남편 정재한」 전문

위 시에서 알 수 있듯이 박선영 시인은 남편을 대하는 태도가 사뭇 남다르다. 젊은이들은 모두가 남편에게 바라는 게 사랑타령이다. 그러나 박선영 시인은 남편을 너무 사랑한 나머지 남편의 뒷모습을 처량하게 쳐다보고 있다. 이런 생각은 60대가 넘어서 철이 들은 우리들에게서나 나옴직한 발상이다. 그런데 아직은 꿈이 반짝거리는 40대에 벌써 이런 시각으로 남편을 바라본다는 자체가 남다르다. 선영씨의 어머니에게 물려받은 지식일지도 모르겠다. 늘 그의 어머니 말씀 속에서는 살아 움직이는 게 보인다. 남편을 바라볼 때는 늘 뒷모습을 볼 줄 알아야 된다. 그리고 그 뒷모습이 애처로워야 한다는 교육을 이미

선영씨는 받고도 남음이 있다. 그 말씀은 무엇을 시사하느냐 하면 대부분 여성들이 자기만 고생한 줄 알고 있지만 남편은 늘 가족을 위해 책임을 지고 있기 때문에 직장엘 나가는 뒷모습만 보더라도 안쓰럽고 처량하게 보이면 그 집은 모든 게 바로 서 있다는 것이다. 모든 여성들이 남편을 하늘같이 존경을 해도 시원치 않은데 모두가 제가 더 잘났다고 우쭐대며 시끄러운 집안은 볼 것도 없다는 뜻이다. 자고로 가정을 위해 열심히 돈 벌러 나가는 남편의 뒷모습에서 측은지심을 발견한다면 그 가정은 파탄이 나지 않고 탄탄대로일 것이며, 오히려 역경까지도 다 이겨낼 수 있는 가정이 되는 것이다.

'가방을 메고 나가는 그이/ 뒷모습을 볼 때면/ 마치 전쟁터에 나가는/ 비장한 장수 같다.'라는 표현만 보더라도 선영씨의 남편을 바라보는 시각이 얼마나 애정 깊고 애처로운 생각 속에 지내는지를 익히 알 수가 있는 것이다.

날마다 직장에 나가서 경영에 시달리고 직원들 어루만지느라 애쓸 그 모습을 떠 올리는 젊은 선영씨의 마음이 너무 사랑스럽고 곱다.

'나 다시 태어나도/ 신뢰와 위트가 있는/초긍정인 아담한 그이와/내 인생 다시 동행하리라.' 마지막 연에서도 시사하듯이 박선영 시인은 다시 태어나도 지금의 남편 정재한 씨와 인생을 동행하고 싶다는 고백이 왜 이리 아름답게 느껴지는지 모르겠다. 앞으로 이 가정에는 신선하고 아름다운 사랑만 가득할 것이다. 그리고 남편의 좋은 점을 속속들이 알고 있다. 우리 모두가 갖추어야 할 긍정적인 생각, 거기에다가 초긍정이라 했으니 더 말해 무엇하겠는가? 그리고 또 하나 신뢰의 가치가 얼마나 크다는 건 다 아는 사실이지만 선영씨 가정에서는 이미 신뢰와 긍정 모두가 다 갖춰져 있는 살맛나는 가정인 것이다. 이런 가정에서는 가족간의 사랑과 아름다움만 피어날 것이다.

아주 고풍 서린
경기도 양평의 용문사
오래된 은행나무가 팔 벌리고
작은 절 품고 있는 그림 같은 엔토펜션
한없이 어렵기만 한
시 외갓댁 가족들과
어우렁 더우렁
함께 보낸 1박 2일

각본 없이 삼대가 한자리에 모여
사랑과 배려로 익어간 여정
풍성한 먹거리 정을 돋우고
멘토 멘티가 모인 감동적 인생수업장
아름다운 문화로 물든 시댁
온실 속 화초로 자란
내 친정 아우들에게
이 모습 모두 보여주고 싶다.

— 박선영의 「인생 수업장」 전문

이 시는 시댁 가족 삼대가 한자리에 모여 1박2일의 여정을 함께 하는 가운데 느낀 솔직한 심경을 표현한 시이다. 단출하게 살아가는 친정 문화에 비해 여러 가족이 함께 재미있게 어우러져 가는 분위기에서 박선영 시인은 마치 인생수업장에 온 것 같은 착각에 빠진다. 구태여 뭐라 지적하지 않아도 알아서 척척 해나가는 시댁 가족에 비해 친정 동생들은 사회경험이 짧아 맏이로서 느끼는 솔직한 심경이 이 시에 고스란히 담겨 있다.

'각본도 없이 삼대가 한 자리에 모여/ 사랑과 배려로 익어간 여정/ 풍성한 먹거리가 정을 돋우고/ 맨토 맨티가 모인 감동적 인생수업장' 여기에서 보더라도 시댁식구들은 사전에 아무 각본도 짠 게 없는데 잘 어울려 보내는 정겨운 모습을 훔쳐보며 박선영씨는 부러움을 금치 못한다. 그리고 친정 아우들에게 이런 아름다운 인생수업장을 그대로 보여주고 싶은 마음을 술회하고 있다. 정말 박선영 씨는 맏딸로서 친정 동생들에게 이런 멋진 모습을 선물해 주고 좋은 건 답습하게 하고 싶은 마음이 지배적이라 할 수 있다.

해바라기가 해를 향해
한 곳만 바라보며 가듯
나도 해바라기처럼 하느님 향해
주바라기로 살고 싶다.
안개꽃과 해바라기를
유난히 좋아하셨던 나의 엄마
장미꽃이 비싼 시절에
풍성한 안개꽃과 큰 해바라기로
집을 곱게 치장해 주셨다.

나도 엄마의 성향을 닮아
언제부터인지 모르지만
고흐의 삶이 묻어나는 해바라기가

내 삶 안으로 들어왔다.
세상의 빛을 향해 피어나는
아름다운 해바라기처럼
나는 주를 향해 피어나는
주바라기 꽃으로 살고 싶다.

— 박선영의 「주바라기」 전문

박선영 시인은 참으로 심성이 곱고 착하다는 걸 한큐에 알 수가 있다. 요즈음 젊은이들처럼 무엇에 이끌려가는지 조차 모르게 바쁘게만 살아가는 현대인들에 비해 매우 차분하고 정연한 삶을 가꾸어가고 있다. 그리고 해바라기 꽃을 바라보며 하느님을 바라보고 사는 주바라기로 살기를 소원하고 있다.

요즈음 보기드문 젊은이들의 정서를 안고 살고 있다. 그 어머니를 보면 그 자식을 알 수 있듯이 어머니의 행동을 보며 무얼 배우고 무얼 택하며 살아가겠는가? 그 어머니에 그 딸이라는 말 외엔 더 할말이 없다. 부모는 거울이므로 자식들의 행동반경이 그 거울에 다 담겨 나오는 법이다. 자고로 어른이라고 다 어른이 아니요, 어린애라고 다 철부지가 아니다. 어른이 어른다운 행동을 할 때 비로소 어른인 것이고, 아이들도 철이 든 행동을 할 때 절대 어린이라 할 수 없다.

'세상의 빛을 향해 피어나는/ 아름다운 해바라기처럼/ 나는 주를 향해 피는 /주바라기 꽃으로 살고 싶다.' 마지막 연에서 밝혀냈듯이 박선영 시인은 깨끗한 심경으로 세상을 향해 하느님 안에서 살고 싶다는 고백을 한다. 해바라기가 해를 좋아하는 것처럼 선영씨는 주님을 바라보며 주바라기 꽃으로 이 세상을 아름답게 살아가길 기원한다. 믿음의 뿌리가 견고하여 하느님께서 투명하고 깨끗한 선영씨의 깊은 신심을 매우 좋아하실 것 같다.

3. 순수하고 진실한 정서적 융합이 아름답다.

시 사랑 마중녀 신경자, 신정애, 박선영 등의 예비 시인들의 열정은 참으로 놀랍다. 아무리 앞에서 끌으려 해도 꼼짝달싹 못하는 사람들을 만나면 한 발자국도 앞으로 나아가질 못한다. 그러나 가르치는 교수가 아무리 출중해도 그들에게 어떤 시심이나 정서적 감정이 내재해 있지 않고서는 결코 시를 도출해 낼 수가 없다. 시란 자신이 경험한 범주내에서 나의 정서와 경험을 바탕으로 인간이 살아나가는데 정신적으로 힘이 되고 위로가 되고, 진정한 나를 찾아내는 과정의 노래여야 한다. 제아무리 혼자 아름답다고 떠들어봐도 공감가는 국면이 없거나 인간이기를 거부하는 냉랭한 시는 결코 대접받지 못한다. 이처럼 시가 난무하는 세상에서 한 편의 시를 이끌어내려면 자신의 경험 속에서 혼신의 힘을 다 기우려 맛깔난 맛이 우러나는 시를 빚어내야 한다. 그러나 지금 한창 배우고 있는 '시 사랑 세 마중녀'들은 시를 쓸 수 있는 자질을 공히 갖추었다고 본다. 첫째는 어디를 가더라도 그때그때 떠오르는 시상을 메모하고 주제의식에 알맞은 장면구성을 잘 하고 있다는 점을 먼저 칭찬하고 싶다. 그리고 둘째는 시가 먼저 순수성을 잃어서는 안 된다. 괜히 멋있게만 쓰려고 멋진 단어만을 버무려 미사여구만 사용하려하면 독자가 먼저 식상해서 이맛살을 찌푸리게 될 것이다. 그러나 다행히도 이들 세 분은 삶이 진솔해서인지는 몰라도 모두가 산출해내는 시도 상당히 순수하고 신선하다. 꾸밈이 있어서도 안 되겠지만 가식적인 표현으로 진실을 왜곡해서는 어디서든 냉대받는 시가 될 것이다. 자고로 진실한 시는 내 삶을 그대로 투영시켜야 한다. 숨김이나 멋지게 쓰고 싶어 남의 마음 언저리를 훔친다면 그건 순수성을 떠나버린 가식적인 시를 생산하게 되는 것이다. 적어도 시에는 진실한 내가 들어 있고, 나의 마음이 들어 있고, 나의 혼도 반드시 들어 있어야 남의 가슴 속에서도 둥지를 틀 수 있는 것이다. 끝까지 나를 보여주지 않고 거드름으로 맴을 돈다면 시인의 자격조차 결여된 사람임을 알아야 한다.

연암 박지원의 열녀 비문을 보다가
시와 연애하라는 선생님의 말씀을 듣고
뛰는 내 가슴 환희에 젖어
벌겋게 달아오르는 열정 주체할 수 없었다.
내 가슴 빛으로 환히 열어주신 김숙자 선생님
지친 가슴 치유하고 멘토링 해주신 선생님
내가 살아야 할 이유와 존재가치를 심어주셨다
나이차는 별로 없어도 몇 십년 더 앞서
나를 꿰뚫고 있는 듯한 느낌으로 에워싸
글을 통해 참 행복을 알게 해주셨다.
보잘 것 없는 내 글에 생명을 넣어주시고
글밭이 잘 자라도록 지줏대를 세워주어
튼실한 글열매 맺도록 날 지탱해 주신 선생님
글을 통한 나의 멘토이기에 더욱 소중하다.
내 마음 속 깊이 더 아끼고 우러러 보리라.
당신을 든든한 나의 선생님이라 부르리라.

— 신경자의 「선생님이라 부르리라」 전문

이는 신경자 예비 시인이 쓴 시이다. 결코 꾸밈이 없고 진솔한 자신의 마음을 여과없이 보여주는 시라 할 수 있다. 만약 이 시가 가식의 군더더기로 가득 찼다면 단 한 줄도 감동을 전해 받을 수 없으리라. 그러나 신경자 시인은 김숙자 시인이 자신의 시에 생명과 지줏대를 세워준 분으로 생각되기에 서슴없이 선생님으로 부르겠다는 자신의 다짐이 내포된 시이다. 이처럼 시는 꾸밈이 없이 신선하고 자신의 목소리를 여과없이 모두 시에 담아내야 하는 것이다. 뭐니뭐니해도 진솔함과 순수가 물씬 묻어나는 시이다.

이 세상에서 내가 없을 때
내 존재가치 누가 알아줄까
떨리는 큰 수술 앞에 놓고
가족사랑이 있었기에 가능했다.
바쁘게 살 땐 몰랐는데
힘들고 괴로울 때 생각나는 사람
두 말할 것 없는 가족이었다.

가족간의 끈끈한 대화
소통과정을 동반한
가족들간의 따뜻한 사랑
이루고 싶은 가화만사성
서로에게 평화가 있고,
서로간의 소통이 있고
서로간의 배려가 있으면
누구도 부러워 할 아름다운 가족이리라.

— 신정애의 「가족」 전문

위의 시는 신정애 예비시인의 시이다. 위의 시에서도 잘 나타나듯이 신 시인은 가족간의 사랑을 얘기하고 싶어한다. 가장 어렵고 힘들때도 가족 사랑이 힘이 되고 위안이 되고 큰 수술 앞에서도 가족 사랑이 있어 가능했음을 누누이 말하고자 한다. 이 얼마나 진솔한 심경인가? 가족은 서로에게 평화가 되고, 소통이 되고, 배려가 되고 가족 간의 따뜻한 사랑만 있으면 가화만사성은 반드시 이루어진다고 힘주어 말하고 있다. 정말 순수하고 때묻지 않은 감성의 소유자임이 드러나는 진솔한 시라 할 수 있다.

수많은 나날 가족을 위해
묵묵히 근면 성실로 일관해 오시며
한치의 흐트러짐도 없으시며
완벽하신 나의 아버지
고지식하시고 우직하신 당신
우리에겐 언제나 느티나무셨습니다.
당신의 말없는 희생과 헌신이
빛나는 오늘을 만드셨습니다.

당신은 존재 자체만으로 힘이 되고
나에게 든든한 울타리로
평생을 황실침구 발전에 혼을 바쳐
우러르는 집안의 황제가 되셨습니다.
우리에게 그 많은 사랑 주시면서도
정작 당신은 근검절약의 왕이셨습니다.
필생사업 반석 위에 올려놓으시고
스스로 명품이 되신 우리 아버지
존경합니다. 사랑합니다.

— 박선영의 「빛나는 이름표 성실」 전문

이 시는 참으로 아름다운 온기가 도는 가족사랑의 시이다. 이토록 내 아버지를 생각해보는 자식이 요즈음 몇이나 될까 하는 물음표가 주어진다. 부모란 다 그렇지만 유독 박선영씨의 아버지께서는 말없는 느티나무처럼 언제나 자녀들의 등 뒤에서 편안하게 등이 되어주고, 자식들의 울타리가 되어주었음을 고백한다. 그리고 더 중요한 건 내 아버지는 진정 근검절약의 왕이고, 자신이 꾸미지 않았어도 스스로 명품이 되셨다고 술회한다. 그런데도 가장 중요한 키 포인트는 바로 성실한 생활 자세가 바로 만인이 우러르는 황제를 만들어 빛나는 '성실' 이름표를 아버지께 채워드리는 효녀중의 효녀라 생각된다. 아버지께서도 자식의 이런 훌륭한 발상에 분명 감동되실 것 같다.

이 시에서처럼 조금치의 가식과 군더더기가 없는 순수한 내용이야말로 우리 모두를 감동의 도가니로 몰아넣을 시의 기술을 갖고 있다고 생각된다. 앞으로 박선영 시인의 정진을 빈다. 이상으로 시와 열애에 빠져 시사랑 마중을 나가고 있는 마중녀들의 멋진 시 창작혼을 높이 사며 부디 이 한 권의 공저 시집이 마중물이 되어 그 다음은 봇물 터지듯 아름다운 시의 창작에 더욱 박차를 가하기 바란다. 아울러 더욱 정진하여 모두가 시인으로 등단하여 당당히 이름을 올리기 바라고 더 나아가 개인의 이름을 붙인 멋진 시집 탄생도 빌어마지 않는다.

◆◆◆ 에필로그

한 마리의 멋진 詩 나비가 되는 날

엊그제까지만 해도 볼그레한 색을 띄며 애티를 면치 못하던 석류가 가을 햇살과 열애에 빠지더니 가슴이 온통 터질듯 붉다. 어렸을 적 뜰안에서 유난히 나의 정서감에 올림표를 만들어 주었던 석류는 나이가 든 지금까지도 여전히 애착이 가고 사랑스럽다. 요즈음은 주거지의 변화에 따라 석류 보기가 좀 드물게 되었다. 그런데 올 가을은 유독 이웃 집 담너머로 농익어가는 석류를 자주 접하게 되면서 내 발길마저 그곳에 저당 잡히고 말았다. 참으로 마술같이 신기하기만 한 신의 손, 아름답던 다홍색 꽃이 피고 지던 그 자리에서 보잘 것 없던 작은 망울 하나들이 저렇게 선홍빛 루비를 가슴가득 품고 농익어 반짝이는 저 찬연한 아름다움을 보라! 이 모두가 멋진 가을이 우리에게 주는 깜짝 선물이 아닐까 한다. 이 뿐만이 아니다. 세이문화센터에서도 인문학 열풍이 불어 봄부터 열공에 빠져 시창작반에서 시와 열애에 빠진 신경자, 신정애, 박선영 등의 '시사랑 마중녀들'이 그간 갈고 닦은 실력으로 부족함은 많지만 공저의 시집을 발간하기에 이르렀다. 비록 등단의 과정은 아직

거치지 않았지만 이대로의 열정이라면 머지않아 등단의 문도 두렵지 않을 것 같다. 강의는 '시의 유혹에 빠져 시와 연애하라'는 달콤한 시의 투망에 걸려 들어온 '시 사랑 마중녀들'이었다. 한사발의 마중물이 펌프의 물을 콸콸 넘치도록 퍼내는 일을 한다면 시 사랑 마중녀들에겐 더없이 시를 끌어올릴 수 있도록 시 마중을 나갈 마중물이 꼭 필요하기에 내가 어려운 그 일을 두려움 없이 담당하게 되었다.

시란 앞뒤 가릴 순간 없이 시와 열애에 빠지지 않고서는 내게 다가오지 않는다. 아직은 잘 익지 않은 풋대추처럼 떨떠름하고 감기는 맛이 없더라도 꾸준히 공부에 더 매진하고 시의 본질에 충실한 감동의 순간을 만나기 위해 매진하고 또 매진해야 할 것이다. 이제 '시 사랑 마중녀'들은 이번을 기점으로 더욱 살맛나고 박진감 넘치는 시어를 찾아 멋진 시를 빚기 위해 험한 마음의 산하를 여행하며 눈비도 두렵지 않게 헤쳐나갈 각오를 더욱 굳건히 해야 할 것이다. 그리고 시의 아름다운 발상을 위해 끊임없는 사유의 시간과 아름다운 시어를 찾기 위한 각고의 고통도 마다하지 않아야 할 것이다. 작은 누에 한 마리가 아름다운 명주실을 뽑아내기 위해서는 여러 번의 긴 잠과 허물벗기로 번데기되는 과정을 거쳐야 아름다운 나비가 되어 사람들의 가슴 속을 날아다닐 수 있도록 수없는 아픔의 탈바꿈을 시도해야 할 것이다. 이제 나의 애제자가 된 '시 사랑 마중녀들' 신경자, 신정애, 박선영 등의 예비 시인들이 하루빨리 농익은 석류 닮은 아름다운 시로 여러 독자들 앞에 당당히 서는 그 모습을 기대하며 사랑하는 세 마중녀들의 문학혼과 문운을 빈다.

2014. 10월

清淋 김 숙 자

詩 사랑 마중녀들

김숙자 · 신경자 · 신정애 · 박선영

발 행 일 | 2014년 10월 24일

지 은 이 | 김숙자, 신경자, 신정애, 박선영
발 행 인 | 李憲錫
발 행 처 | 오늘의문학사
출판등록 | 제55호(1993년 6월 23일)

주 소 | 대전광역시 동구 대전로 867번길 52(삼성동 한밭오피스텔 401호)
전화번호 | (042)624-2980
팩시밀리 | (042)628-2983
홈페이지 | http://www.lito77.co.kr(홈페이지)
전자우편 | hs2980@hanmail.net

공 급 처 | 한국출판협동조합
주문전화 | (070)7119—1752
팩시밀리 | (031)944-8234~6

ISBN 978-89-5669-645-4
값 8,000원